viel Spaß beim Kochen!

Ihre MÁRA!

THOSE SIGNS COME TO GUIDE ME - ENCOURAGE MY HEART TO UNDERSTAND TO
SPEAK IN MANY WAYS: BE STRONG - BE GOOD TO YOURSELF - BE CAREFULL FOR YOUR-
SELF - YOU MUST LEARN TO OBSERVE EVERYTHING - SO YOU WILL KNOW AND YOU
WILL UNDERSTAND YOUR POWER AND THE POWER OF LOVE

MÁRA!s Glücksküche

Rezepte von
Susanne Bunzel-Harris
und MÁRA!

MARY HAHN

in der F. A. Herbig Verlagsbuchhandlung GmbH, München

Lektorat: Tanja Joyce Frei
Layout: Wolfgang Heinzel
Das abgebildete Geschirr von MÁRA bei *W.Goebel Porzellanfabrik*
Druck und Binden: Eurolitho S.p.A., Cesano Boscone
Printed in Italy
ISBN 3-87287-504-3

Besuchen Sie uns im Internet:
www.mara-worldwide.com
www.maryhahn-verlag.de

Wir danken der Artmerchandising & Media AG für
die Untersützung und gute Zusammenarbeit

Inhalt

Frühstück und Brunch
Fit schon am Morgen
13

Snacks und Drinks
Zwischendurch schnelle Power
27

Salate
Knackige frische Muntermacher
47

Suppen
...machen Spaß
60

Hauptgerichte
Zum Schlemmen und Auftanken
71

Desserts
Stress ade
115

Positive Symbole, kräftige Farben, leuchtendes Gold – Inspiration und Kraft strömen aus ihrer Kunst: Die Werke von MÁRA! sind Katalysatoren ihrer Energie, sind gemalte Freude. Ihre kraftvollen Farben, phantasiereiche Motive und das typische, fast meditative MÁRA!-Blau haben die Künstlerin weltweit bekannt gemacht. In ihren Werken entdeckt man vor allem Symbole der ägyptischen, indianischen und indischen Kulturen sowie selbst entworfene Zeichen.

»Die Farben finden mich – es malt mit mir«, sagt MÁRA! selbst zu ihrer Schaffensweise. Ihr Atelier ist ein Ort des kreativen Chaos. Hier stehen Hunderte von Farben und viele Leinwände. MÁRA!s Bilder sprühen vor Energie und Spontaneität, strahlen dabei gleichzeitig die Ruhe der Vollendung aus.

MÁRA! Farben und Symbole früher Kulturen können verborgene Energien aktivieren!

Die alten Ägypter sagten: »Die Sonne ist aus dem Wasser geboren – und das Krokodil, das im Wasser lebt, besitzt Energie der Sonne.« Deshalb steht das Krokodil bei MÁRA! für Kraft, Energie und Dynamik und findet sich in fast jeder Originalgrafik, als kleine Keramik-Collage und auch in Bildern und Mustern wieder.

„… ich liebe die Kraft meiner inneren Bilder – ich male Zauberbilder!“

JEDER BRAUCHT ENERGIE

Was ist unser größter Energieräuber?
Der hektische Lebensstil. Wir jagen ständig allen möglichen Dingen hinterher, kommen kaum noch zur Ruhe, sind abgeschnitten von den natürlichen Lebensenergien.

Wie Sie Kraft sammeln und Stress abbauen können:
An erster Stelle steht Freude – Freude gibt Energie.
Gesunde Ernährung – Essen, auf das man sich freut, das Power gibt.
Treiben Sie regelmäßig Sport.
Setzen Sie »Entspannungsinseln« in Ihren Tagesablauf.
Erfreuen Sie sich an einem schön gedeckten Tisch – auch für Sie allein!
Denken Sie beim Essen an etwas Schönes – spielen Sie »Urlaub«.
Verteilen Sie Lob und Komplimente, Sie werden spüren, dass sich Ihre Umgebung mit Freude und Energie auffüllt!

Ich will Kraft und Dynamik vermitteln

SICH NUR AUF DAS KONZENTRIEREN,
WAS MAN GERADE TUT.

IN TIEFER VERSENKUNG.

OHNE ZIEL.

OHNE STREBEN NACH NUTZEN.

DAS SCHAFFT GLÜCKSGEFÜHLE

MÁRA!

MÁRA!

Frühstück und Brunch

Fit schon am Morgen!
mit guter Laune in den Tag
Probieren Sie z. B. mein
Müsli: Es gibt Kraft und
hält lange vor.

Müsli mit Datteln und Feigen

Pro Portion:
2–3 getrocknete Datteln
2–3 getrocknete Feigen
1 EL grob gehackte Mandeln
4 EL kernige Haferflocken
Milch oder Naturjoghurt
1 TL brauner Zucker (nach Wunsch)

Die Datteln eventuell entkernen und mit den Feigen fein würfeln. Mit Mandeln und Haferflocken in eine Schüssel geben.
Mit Milch oder Joghurt verrühren und nach Wunsch mit braunem Zucker süßen.

Gute-Laune-Müsli

Mika's special

2 EL Haferflocken
2 EL Schokomüsli
1 El Haselnüsse
1 EL Walnüsse
1 kleiner Apfel
1 Nektarine
2 EL Orangensaft
1 TL Nesquick
1 Actimel oder 100 ml Milch

Die Haferflocken mit dem Schokomüsli in eine Schüssel geben. Die Nüsse grob hacken, den Apfel schälen und in kleine Würfel schneiden, die Nektarine in Scheiben schneiden.
Alles mit Orangensaft mischen. Nesquick darüber streuen und die kleine Flasche Actimel dazu geben.

MAGIC SIGNS

Muntermacher-Cocktail

Pro Portion:
250 ml Gemüsesaft
Salz, Pfeffer aus der Mühle
1 Spritzer grüne Tabascosauce
1 TL Limettensaft
1 EL Haferkleieflocken (nach Wunsch)
1 kleiner Zweig Koriandergrün zum Garnieren

Den Gemüsesaft mit Salz und frisch gemahlenem Pfeffer, Tabascosauce und Limettensaft herzhaft pikant abschmecken.
Nach Wunsch mit der Haferkleie etwas andicken.
Mit dem Kräuterzweig garnieren.

Tipp: Die grüne Tabascosauce schmeckt bei aller Schärfe etwas säuerlicher als ihre rote Schwester und ergänzt daher das Aroma des Limettensafts ganz wunderbar. Wenn Ihnen die klassische rote Version besser schmeckt, für den Muntermacher statt Limettensaft dieselbe Menge Zitronensaft verwenden.

Aprikosenmuffins

Für 12 Muffins:
12–15 getrocknete Aprikosen
150 ml Milch
2 Eier
4 EL Keimöl
3 EL Zucker
240 g Mehl
40 g Weizenschrot
1 Päckchen Backpulver
je 1/2 TL gemahlener Zimt und Ingwer
1 Prise Salz
Fett für die Förmchen

Den Backofen auf 190 °C vorheizen und die Muffin-förmchen fetten.
Die Aprikosen fein hacken. Milch, Eier, Keimöl und Zucker in eine Schüssel geben und gründlich vermischen. Die Aprikosen unterrühren.
Das Mehl in eine zweite Schüssel sieben. Weizenschrot, Backpulver und Gewürze hinzufügen und gründlich vermischen. Nun die Milch-Aprikosen-Mischung rasch unterrühren. Der Teig hat die richtige Konsistenz, wenn er zäh vom Löffel fällt.
Den Teig in die Muffinförmchen füllen und in etwa 15 Minuten goldbraun backen.

So wie der Baum nicht endet
an der Spitze seiner Wurzeln
oder seiner Zweige –

so wie der Vogel nicht endet
an seinen Federn oder mit
seinem Flug

So wie die Erde nicht endet
an ihren höchsten Bergen:

So ende auch ich nicht
an meinem Arm –
an meinem Fuß –
an meiner Haut –
sondern greife unentwegt nach außen
und hinein in den Raum der Zeit –

und alle Zeit, samt meiner Stimme
und meinen Gedanken,
langt nach Unendlichem.

Denn meine Seele lebt
im Unendlichen,
im end-losen Universum
der Sterne

Cherokee

Buttermilk Biscuits

300 g Mehl
2 TL Backpulver
1/2 TL Natrium
1/2 TL Salz
80 g sehr kalte Butterflöckchen
175 ml Buttermilch
Milch zum Bepinseln

Den Backofen auf 225 °C vorheizen.
Mehl, Backpulver, Natrium und Salz in eine Schüssel sieben und vermischen. Die Butterflöckchen mit zwei Messern einarbeiten, bis ein krümeliger Teig entsteht. Die Buttermilch hinzugießen und nur kurz verrühren, bis die trockenen Zutaten zwar feucht sind, aber noch keinen kompakten Teig bilden.
Die Masse zu einer Kugel formen und einige Male sanft durchkneten, bis kein Teig mehr an den Schüsselwänden klebt.
Den Teig auf einer bemehlten Arbeitsfläche etwa 1 cm dünn ausrollen. Mit einem Keksförmchen oder Wasserglas Kreise mit etwa 5 cm Durchmesser ausschneiden. Dabei möglichst sauber arbeiten, denn der Teig lässt sich anders als beim Plätzchenbacken nur schlecht wieder zusammenschaben und neu ausrollen (die Biscuits werden dann zäh).
Die runden Biscuits auf ein mit Backpapier ausgelegtes Blech setzen. Mit Milch bepinseln und im heißen Ofen in 10 bis 12 Minuten goldbraun

backen. Die Biscuits schmecken am besten warm mit einigen frischen Früchten der Saison.

Frühstücksglück mit Südstaatenflair zaubern Sie in Ihre Küche, wenn Sie die Biscuits mit Maismehl zubereiten. Dafür statt 300 g Weizenmehl eine Mischung aus 200 g Weizenmehl und 100 g gelbem Maismehl verwenden und dann wie beschrieben fortfahren. Die Maisbiscuits schmecken auch als Beilage zu herzhaften Salaten oder z.B. mit Schinken.

Exotischer Obstsalat

1 reife Mango
1 kleine Ananas
1 Banane
1 kleine Papaya
1 Scheibe Wassermelone
Saft einer Limette

Das Obst schälen, entkernen und in Stücke schneiden. In eine Schüssel geben und mit Limettensaft verfeinern. Kurz durchziehen lassen.

Tipp: Eine reife Mango erkennen Sie daran, dass sie auf Fingerdruck leicht nachgibt. Vor dem Schälen den großen flachen Kern mit einem scharfen Messer herauslösen.

French Toast mit Vanille

2 Eier
250 ml Buttermilch
2 EL Sahne
1 TL Vanilleextrakt
8 Toastscheiben
Butter zum Braten
Puderzucker zum Bestäuben

Die Eier mit Buttermilch, Sahne und Vanilleextrakt verrühren.
Die Toastscheiben diagonal halbieren und in die Buttermilchmischung tauchen. Abtropfen lassen und in heißer Butter goldbraun braten.
Auf Teller geben und mit Puderzucker bestäuben.

Schmeckt köstlich zum exotischen Obstsalat.

AVOCADO-CROSTINI mit PESTO

für 4 Personen

- 30 g Pinienkerne
- 1 Knoblauchzehe
- 1 Chilischote
- je 1 Bund Koriander und Petersilie (glatt)
- 50 ml gutes Olivenöl
- Salz
- 1 Ciabatta (ital. Brot)
- 2 Avocados
- Saft 1/2 Zitrone
- 1 Tomate
- 1 Lauchzwiebel

Die Pinienkerne in einer Pfanne (ohne Fett) anrösten. Knoblauch und entkernte Chili hacken. Kräuter abspülen, von den Stielen zupfen. Alles mit dem Olivenöl pürieren und mit Salz abschmecken ...

Das Ciabatta in 12 Scheiben schneiden und im vorgeheizten Backofen auf Stufe 200° ca. 8 Min rösten. Die Avocados halbieren, entsteinen, schälen – in kleine Würfel schneiden und mit Zitronensaft beträufeln. Tomate entkernen und klein würfeln, Lauchzwiebel putzen und in kleine Ringe schneiden. Kräuterpesto auf die Brote streichen. – Avocados, Tomate und Lauchzwiebeln darauf verteilen.

Krabbenbrötchen mit Rührei

Pro Portion:
100 g geschälte Nordseekrabben · 1 EL Zitronensaft
1 dicke Scheibe dunkles Brot · 2 Eier · 1 EL Milch · Butter zum Braten
Salz, Pfeffer aus der Mühle · gehackte Dillspitzen zum Garnieren

Die Krabben mit Zitronensaft verfeinern und auf der Brotscheibe anrichten.
Die Eier mit Milch verquirlen.
Etwas Butter in einer Pfanne erhitzen und die Eier unter ständigem Rühren darin bis zur gewünschten Konsistenz braten.
Die Rühreier salzen, pfeffern und auf einen Teller häufen.
Das Krabbenbrot daneben anrichten und mit den Dillspitzen garnieren.

Omelett mit buntem Gemüse

1 Zucchini · 2 Karotten · 2 Tomaten · 6 Eier
4 EL Milch · 1 Spritzer Tabascosauce · 4 EL geriebener Parmesan
Salz, Pfeffer aus der Mühle · Öl zum Ausbacken

Zucchini und Karotten putzen und fein stifteln. Kurz in Salzwasser blanchieren, kalt abschrecken und gut abtropfen lassen. Die Tomaten häuten, entkernen und fein würfeln. Eier, Milch und 2 Esslöffel kaltes Wasser sowie einen Spritzer Tabscosauce in einer Schüssel verquirlen. Den Parmesan unterziehen und die Mischung herzhaft salzen und pfeffern.
Einen Hauch Öl in einer beschichteten Pfanne erhitzen und ein Viertel der Omelettmasse hineingießen. Die Pfanne schwenken, um den Pfannenboden gleichmäßig mit Eimasse zu überziehen. Setzen lassen, dann mit einem Spatel auf einen Teller gleiten lassen. Etwas Gemüse in die Mitte geben und das Omelett darüber zusammenklappen. Die übrigen Omeletts genauso zubereiten.

Frittata mit frischem Gemüse

250 g frisches Gemüse, z.B. junge Möhren, Zucchini, Brokkoli oder eine bunte Mischung
8 Eier
3–4 EL geriebener Parmesan
Salz, Pfeffer aus der Mühle
Olivenöl zum Braten
1 EL gehackte frische Kräuter

Das Gemüse putzen, waschen und zerkleinern. 2 bis 3 Minuten in kochendem Salzwasser blanchieren. Abgießen und kalt abschrecken. Gut abtropfen lassen.

Den Backofen auf 180 °C vorheizen.

Die Eier mit Parmesan, etwas Salz und frisch gemahlenem Pfeffer verquirlen. Das vorbereitete Gemüse unterheben.

Das Olivenöl in einer ofenfesten Pfanne stark erhitzen. Die Eimasse hineingießen und setzen lassen. Sobald die Frittata am Rand fest zu werden beginnt, in den heißen Backofen schieben. Etwa 45 Minuten backen, bis die Frittata goldbraun aussieht.

Die Frittata schmeckt heiß oder zimmerwarm und wird mit frisch gehackten Kräutern garniert.

Fitmacher mit Vitamin C

2 Rote Beten
1/2 Bund Petersilie
3 Orangen
1/2 Zitrone
je eine Prise Salz und Zucker

Die Roten Beten schälen, grob zerkleinern und mit Entsafter entsaften.

Die Petersilie waschen, einen Stengel beiseite legen. Blättchen abzupfen.
Orangen und Zitrone auspressen. Petersilie mit etwas Zitronensaft pürieren. Den restlichen Zitronensaft unterrühren.

Den Rote-Bete-Saft mit Salz und Zucker abschmecken und in ein hohes Glas geben.

Den Petersilien-Orangen-Zitronen-Mix vorsichtig über einen Esslöffel darauf gießen, sodass sich die Farben nicht mischen.

Mit dem Petersilie-Stengel dekorieren und mit einem Trinkhalm servieren.

Eggs benedict

Für diesen Klassiker gibt es eine Unzahl von Variationen. Hier das Grundrezept, das Sie beliebig abwandeln können. Nehmen Sie statt Schinken einmal Räucherlachs, oder setzen Sie die Eier auf Croissanthälften statt auf Toastbrot.

- 4 Scheiben getoastetes Brot
- 4 Scheiben gekochter Schinken
- 1 EL Essig
- 4 Eier
- Salz, Pfeffer aus der Mühle
- Butter zum Bestreichen und Braten
- Für die Sauce Hollandaise:
- 3 Eigelb
- 100 g zerlassene, handwarme Butter
- 2 TL Zitronensaft

Die Toastscheiben buttern und auf zwei Teller verteilen. Den Schinken in etwas Butter braten und auf die Toastscheiben legen.

Wasser etwa 6 bis 7 cm hoch in einen Topf gießen. Den Essig hinzufügen und bis knapp unter den Siedepunkt erhitzen. Die Eier nacheinander in eine Tasse schlagen und jeweils vorsichtig in das heiße Essigwasser gleiten lassen. Pochieren, bis das Eiweiß fest wird und das Eigelb zwar gar, aber noch weich ist.

Die Eier mit einem Sieblöffel herausheben und gründlich abtropfen lassen. Auf den vorbereiteten Toastscheiben anrichten.

Für die Sauce das Eigelb und eineinhalb Esslöffel Wasser mit dem Schneebesen schaumig rühren. Im Wasserbad etwa 3 Minuten weiterschlagen, bis die Eimasse eindickt. Nun langsam mit dem Schneebesen die Butter einrühren und den Zitronensaft hinzufügen. Weiterschlagen, bis die Sauce die gewünschte Konsistenz erreicht hat.

Die Sauce über die Eier geben, salzen und mit Pfeffer übermahlen.

MÁRA!

MÁRA!

Zwischendurch schnelle
Power!
Denken Sie an etwas, das
Sie freut ♡
Kleine Pause – große Wirkung

Snacks & Drinks

Pesto mit getrockneten Tomaten

1 Bund Basilikum
100 g getrocknete Tomaten in Öl
4 EL Pinienkerne
1 Knoblauchzehe
2 EL geriebener Parmesan
Olivenöl, Salz und Pfeffer zum Verfeinern

Die Basilikumblätter waschen und trocken schütteln. Ein paar Blätter zum Garnieren beiseite legen.
Die getrockneten Tomaten aus dem Öl heben und gut abtropfen lassen. Grob zerkleinern und mit Pinienkernen, Knoblauch und den Basilikumblättern in die Küchenmaschine füllen.
Die Zutaten zu einer groben Paste pürieren. Mit Parmesan und Olivenöl verrühren und mit Salz und frisch gemahlenem Pfeffer abschmecken.
In ein Schälchen füllen und mit dem restlichen Basilikum garnieren.

Tipp: Dieser würzige Pesto schmeckt lecker als Brotaufstrich zu italienischem Ciabatta-Brot oder zum Dippen mit Grissini oder den Breadsticks von Seite 29. Sie können dieses Pesto aber auch ganz klassisch zu gekochten Spaghetti servieren.

Relish mit Äpfeln

2 grüne Äpfel
1 rote Zwiebel
1 grüne Paprikaschote
1/2 TL Oregano
5 EL Apfelsaft
1 EL Zucker
1 EL Apfelessig
1 EL Limettensaft

Äpfel, Zwiebel und Paprika putzen und sehr fein hacken.
In eine Schüssel geben und mit den restlichen Zutaten würzen. Sorgfältig durchmischen und gut eine Stunde im Kühlschrank ziehen lassen.
Mit Weißbrot oder Pittabrot zum Dippen servieren.

Pikante Breadsticks

für den Teig:

300 g Mehl
150 g Weizenschrot
250 ml Milch
6 EL Keimöl
1 TL Salz

Öl für das Backblech

zum Würzen:

4 EL zerlassene Butter

gemahlener Paprika
Mohnsamen
Oregano
Kümmel
Sesam
grob geraspelter Parmesan

Den Backofen auf 180 °C vorheizen. Die Zutaten für den Teig vermischen und sorgfältig durchkneten. Den Teig auf einer Arbeitsfläche dünn ausrollen und zu etwa 10 cm langen Stangen zurechtschneiden. Im heißen Backofen in etwa 15 Minuten goldbraun backen. Noch heiß mit zerlassener Butter bepinseln und mit den Gewürzen, die Ihnen am besten schmecken, bestreuen. Wieder in den Ofen schieben und knusprig werden lassen.

Am besten schmecken die Breadsticks, wenn der Teig nicht dicker als 1 cm ist, weil sie dann schön knusprig werden.

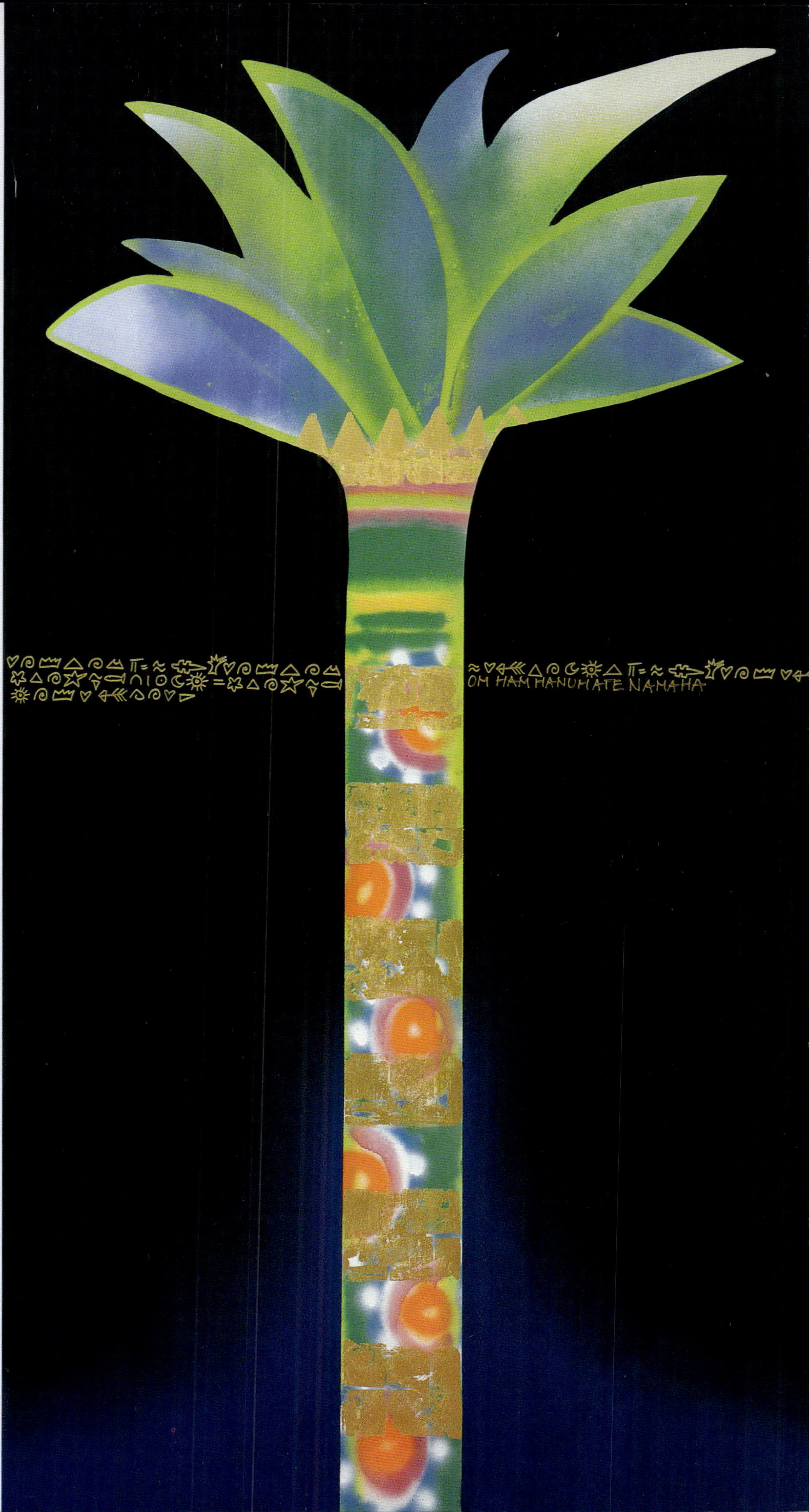

Knusprige Blätterteigstangen

In Windeseile hergestellt, sind diese Stangen eine köstliche Knabberei für Zwischendurch oder zum Aperitif.

1 Packung TK-Blätterteig (450 g)
2 Eigelb
100 g geriebener Cheddar
(ersatzweise Emmentaler)
1 EL grobes Meersalz
1 EL Kümmel

Den Backofen auf 200 °C vorheizen.
Den Blätterteig auftauen lassen, zu einem großen Rechteck ausrollen und dieses halbieren. Eigelb mit 1 bis 2 Esslöffel Wasser verrühren und eine Teighälfte damit bestreichen. Den geriebenen Cheddar auf die bestrichene Teighälfte streuen. Die andere Teighälfte darauf legen und wieder ausrollen.
Dieses Teigstück nun in gut fingerdicke Streifen schneiden und zu Spiralen aufdrehen. Die Spiralen mit dem restlichen Eigelb bestreichen und mit Salz und Kümmel bestreuen.
Auf ein mit Backpapier ausgeschlagenes Blech legen und im heißen Backofen etwa 20 Minuten knusprig backen.

Buffalo Wings

30 Hähnchenflügel
1 Zwiebel
1 Knoblauchzehe
2 EL Pflanzenöl
100 g Tomatenpüree
2 EL brauner Zucker
4 EL Limettensaft
2 EL Senf
100 ml Rotwein
Salz und Pfeffer

Die Hähnchenflügel waschen und trocken tupfen.
Zwiebel und Knoblauch schälen und fein hacken.
Für die Sauce das Öl in einer Pfanne erhitzen.
Zwiebel und Knoblauch unter Rühren 5 Minuten darin weich dünsten. Die übrigen Zutaten hinzufügen und gründlich verrühren.
Die Sauce 20 Minuten leise köcheln und auf die gewünschte Konsistenz eindicken lassen.
Den Holzkohlen- oder Backofengrill anheizen.
Die Hähnchenflügel mit etwas Sauce bestreichen und auf dem heißen Grill etwa 5 Minuten garen.
Während des Garens wenden und wieder mit Sauce bestreichen.
Die Buffalo Wings vom Grill nehmen und mit der restlichen Sauce zum Dippen reichen.

Gefüllte Weinblätter

2 EL Pinienkerne
3–4 EL Keimöl
100 g Reis
250 ml Gemüsebrühe
1 TL abgeriebene Schale einer unbehandelten Zitrone
150 g Schafskäse
Salz, Pfeffer aus der Mühle
12 Weinblätter (gibt es in griechischen oder türkischen Spezialiätenläden zu kaufen)

Die Pinienkerne fettfrei in einem Pfännchen goldbraun rösten. Beiseite stellen und abkühlen lassen.
2 Esslöffel Öl in einem Topf erhitzen. Den Reis darin glasig dünsten. Mit der Brühe ablöschen, zum Kochen bringen und knapp bissfest garen. Etwas abkühlen lassen.
Den Reis mit Pinienkernen, abgeriebener Zitronenschale und zerkrümeltem Schafskäse vermischen. Mit Salz und Pfeffer abschmecken.
Die Weinblätter kurz abspülen, trocken tupfen und mit der glänzenden Seite nach unten auf einer Arbeitsfläche ausbreiten.
Die Reismasse gleichmäßig auf den Blättern verteilen, links und rechts aber einen Rand frei lassen.
Die Blätter dann seitlich einschlagen und vom Stielansatz zur Spitze hin eng aufrollen.
Diese so genannten Dolmas jetzt mit dem restlichen Öl bepinseln und in ein Dämpfkörbchen setzen. 3 bis 5 Minuten über heißem Wasserdampf garen.
Die Dolmas erkalten lassen, dekorativ auf einer Platte anrichten und servieren.

Fajitas - spanische Tortillataschen

150 g Hähnchenbrustfilet
1 Zwiebel
2 Paprikaschoten, rot und grün
1 EL Öl
Salz, Pfeffer aus der Mühle
4 Tortillas aus Weizenmehl
2 EL saure Sahne
nach Wunsch Salsa aus dem Glas zum Servieren
2 EL gehacktes Koriandergrün

Den Backofen auf 180 °C vorheizen.
Das Hähnchenfleisch waschen, trocken tupfen und in schmale Streifen schneiden. Die Zwiebel in schmale Spalten schneiden. Die Paprikaschoten waschen, putzen, entkernen und feinstreifig aufschneiden.

Das Öl in einer Pfanne erhitzen. Das Fleisch mit dem Gemüse unter Wenden weich braten. Salzen und pfeffern.
In der Zwischenzeit die Tortillas anwärmen. Dazu entweder nacheinander fettfrei in einer beschichteten Pfanne schwenken oder stapeln, in Alufolie packen und im Backofen warm werden lassen.
Die Fleisch-Gemüse-Mischung gleichmäßig auf den angewärmten Tortillas verteilen. Einen Klacks saure Sahne und nach Wunsch einen Teelöffel Salsa dazu geben. Mit dem gehackten Koriandergrün bestreuen. Tortillas zu Taschen falten und servieren.

Wer auch in der kleinsten Arbeit das Wunderbare entdeckt, der macht am meisten aus seinem Leben … Diese Fähigkeit schenkt innere Ruhe und Kraft!

Jetzt sind Sie dran! Machen Sie sich Kopien von MARA!s Tischkärtchen und malen Sie sie in Ihren Lieblingsfarben aus. Das sorgt für eine bunte Tafel und Super-Stimmung.

Kärtchen ausschneiden und in der Mitte zum Aufstellen knicken

„ich liebe es, Speisen schön zu dekorieren – auf Tellern, die ich extra dafür entworfen habe."
THINKING OF YOU HERE IS MY SECRET IT'S A VERY SIMPLE SECRET
YOU ONLY CAN SEE RIGHTLY WITH THE HEART. WHAT IS ESSENTIAL IS INVISIBLE TO THE EYE

ROASTBEEF - RUCOLA - SANDWICHES

½ Bund Rucola/Ranke
12 Scheiben Pumpernickel
3 EL Kräuterbutter
Salz
12 dünne Scheiben Roastbeef
(fertig vom Fleischer)
4 EL Remouladensauce
6 Scheiben Schnittkäse
(z.B. Esrom, Appenzeller ...
... Tilsiter)
6 kl. Tomaten

Rucola waschen, die groben Stiele abknipsen

Alle Brotscheiben mit Kräuterbutter bestreichen und leicht salzen – Auf 6 Scheiben üppig den Salat verteilen und mit je 2 Scheiben Roastbeef belegen –

Die Remouladensauce darauf verstreichen und den Käse darüberlegen ...

Die restlichen 6 Brotscheiben oben auf legen und diagonal halbieren

mit kleinen Tomaten garnieren

Burritos

Das klassische Zwischengericht aus Mexiko hat sich im gesamten Südwesten der USA fest etabliert. Hinter dem "kleinen Esel", so die wörtliche Übersetzung, verbirgt sich ein Tortillapaket mit einer leckeren Füllung aus Fleisch und Gemüse.

Für 12 Burritos:

4 getrocknete Chilischoten (am besten Anchos)
4 Knoblauchzehen
1/2 TL gemahlener Kreuzkümmel
1/2 TL getrockneter Oregano
1/2 TL schwarze Pfefferkörner
Salz
2 EL Essig
800 g Schweinehack
2 EL Schweineschmalz oder Pflanzenfett zum Braten
400 g gekochte Pinto- oder Kidneybohnen
6 EL geriebener Monterey-Jack (oder ein anderer halbfester Schnittkäse, der gut schmilzt)
12 große Tortillafladen
Salsa und saure Sahne zum Servieren

Die Chilischoten 30 Minuten in heißem Wasser einweichen lassen. Abgießen, abtropfen lassen, putzen und entkernen. In eine Küchenmaschine füllen und mit den geschälten und grob zerkleinerten Knoblauchzehen und den Gewürzen pürieren. Den Essig hinzufügen und mit Wasser zu einer dickflüssigen Creme verdünnen.

Den Backofen auf 180 °C vorheizen.
Das Hackfleisch in Schweineschmalz oder Fett in einer Pfanne krümelig braten. Die Chilisauce unterrühren und gut vermischen. 15 bis 20 Minuten leise durchköcheln lassen.

Inzwischen die gekochten Bohnen in einem Topf erwärmen und mit einem Holzlöffel grob zermusen. Den geriebenen Käse unterheben und schmelzen lassen.
Die Tortillas aufeinanderstapeln, in Alufolie wickeln und im heißen Backofen erwärmen.

Die Tortillas auf einer Arbeitsfläche ausbreiten. Fleisch und Bohnen in die Mitte der Tortillas geben. Die überstehenden Ränder zusammenklappen, die Enden einschlagen.
Mit den Nahtseiten nach unten auf den Tellern platzieren. Mit Salsa und saurer Sahne servieren.

GREEN POWER Fitness - DRINK

- 1/2 Knollensellerie
- 1 große Fenchelknolle
- 200g frischer Spinat
- 1/2 Bund Schnittlauch
- 1/2 Zitrone
- 1/2 TL Olivenöl
- Salz, Pfeffer

SELLERIE GRÜNDLICH WASCHEN UND IN GROBE STÜCKE SCHNEIDEN

VOM FENCHEL EIN ENDSTÜCK ZUM DEKORIEREN BEISEITE LEGEN..

RESTLICHEN FENCHEL GROB ZERKLEINERN UND MIT DEM SELLERIE IM ENTSAFTER ENTSAFTEN

SPINAT WASCHEN.. SCHNITTLAUCH IN RÖLLCHEN... ZUSAMMEN MIT DEM MIXSTAB PÜRIEREN..

DEN SELLERIE - FENCHEL-SAFT DAZUGEBEN UND NOCHMALS KURZ PÜRIEREN

DIE HALBE ZITRONE AUSPRESSEN UND DAZUGEBEN

ALLES GUT VERRÜHREN... MIT OLIVENÖL · SALZ · PFEFFER ABSCHMECKEN

IN EIN GLAS FÜLLEN UND MIT FENCHEL DEKORIEREN

Geeister Pfefferminztee

2 Handvoll getrocknete Pfefferminzblätter
500 ml Wasser
2–3 EL Rohrzucker
frische Minzeblätter zum Garnieren

Die getrockneten Pfefferminzblätter in ein Teesieb geben und mit kochendem Wasser übergießen. Gut 10 Minuten ziehen lassen.
Tee abseihen und nach Geschmack mit Zucker süßen. Erkalten lassen.
Über Eiswürfeln in hohen Gläsern servieren und mit frischer Minze garnieren.

Tipp: Weil der Tee durch die Eiswürfel verwässert, brauchen Sie im Vergleich zu heißem Tee die doppelte Menge Pfefferminze.

Prosecco mit Aperol und Orangensaft

30 ml Aperol
100 ml Orangensaft
100 ml Prosecco

Aperol in ein Longdrinkglas gießen. Mit Orangensaft und Prosecco auffüllen und kalt servieren.

Limonada con soda

In Mexiko bekommt man in den Cafés diese köstliche Erfrischung frisch gepresst serviert.

1 Limette
200 ml Mineralwasser mit viel Kohlensäure
Zucker
1 kleiner Zweig Zitronenmelisse zum Garnieren

Die Limette auspressen. Saft in ein Glas füllen und mit Mineralwasser aufgießen. Nach Geschmack süßen und verrühren. Mit Zitronenmelisse garnieren.

" Mit offenem Herzen
kannst Du große
Energien aufnehmen
und verteilen "

I THROW MY DREAMS TO THE WIND · AND WIND DROPS THEM TO YOUR HOUSE
AND YOU WILL BE THERE WAITING FOR ME

JOGHURT-POWER AUS INDIEN

MANGO-NEKTARINEN-LASSI

- 500 g schwere Mango schälen
- Fruchtfleisch vom Stein – 2/3 würfeln – Rest in Spalten schneiden
- 1 Nektarine entsteinen und würfeln
- Schale einer (unbeh.) Orange abreiben
- 6 EL Saft auspressen

PÜRIEREN: (sehr fein) Mango und Nektarinenwürfel – Orangenschale + Saft
2 EL Zitronensaft +
500 g Vollmilchjoghurt +
200 ml Mineralwasser (eiskalt)

10 Eiswürfel gecrushed zufügen und wieder alles im Mixer pürieren …

Nach Geschmack mit Puderzucker süssen …

… durch ein Sieb passieren und mit Mangospalten garniert, eiskalt servieren ♡

LIMETTEN-MINZE-TEE

2 l Wasser aufkochen-
vom Herd nehmen...

10 Pfefferminzebeutel (Tee)
und 5EL Rohrzucker in einen Topf geben
und mit dem kochenden Wasser begießen

8 Min. ziehen lassen - absieben

TEE im Kühlschrank kühlen...
1 Limette in dünne Scheiben schneiden
und mit Zweigen von 1 Bund Minze
in eine Glaskaraffe geben...

Den abgekühlten Tee **hinzu**gießen
und nochmals kalt stellen

ERFRISCHT UND BELEBT

1 Banane
1 Limette
50 ml Kokosnussmilch (Reformhaus)
1 TL Ahornsirup
1/8 l naturtrüber Apfelsaft
1 EL Sahne
einige Eiswürfel
zum Dekorieren 3 Bananenscheiben und 2 Limettenrädchen aufheben

Banane-Kokos-Drink

Die Banane mit dem Saft der Limette, der Kokosnussmilch und dem Ahornsirup kräftig mixen.
Apfelsaft und Sahne hinzufügen und nochmals pürieren. Ein großes Glas mit 3 bis 4 Eiswürfeln füllen und den Drink darübergießen. Die Bananen- und Limettenscheiben auf einen Cocktailspieß stecken, in das Glas stellen und mit einem Trinkhalm servieren.

Erdbeer-Bellini

2 EL frisch pürierte Erdbeeren
1 TL Grappa
1 Spritzer frisch gepresster Zitronensaft
gut gekühlter, trockener Sekt

Erdbeerpüree, Grappa und Zitronensaft in eine Sektschale geben. Fast bis zum Rand mit Sekt auffüllen und verrühren.
Gut gekühlt servieren.

Mango-Orangen-Drink

1 kleine, reife Mango
250 ml Orangensaft, möglichst frisch gepresst
Minzeblättchen zum Garnieren

Die Mango schälen und den Kern herauslösen. Das Fruchtfleisch in Stücke schneiden und mit dem Orangensaft im Mixer pürieren. In ein hohes Glas füllen und mit Minzeblättchen garnieren.

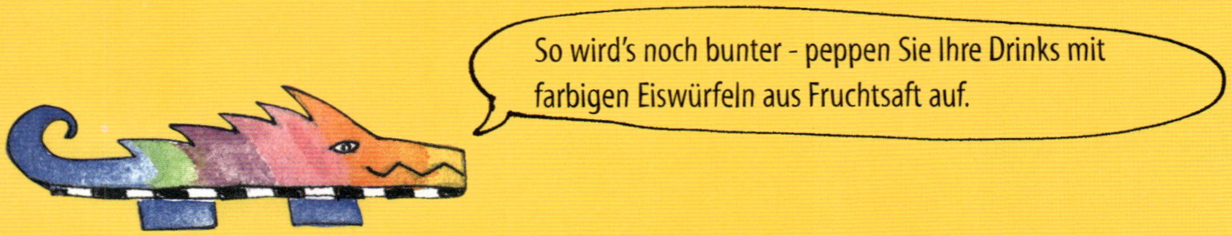

Melonen-Granita

1 l stilles Mineralwasser
250 g Zucker
1 Wassermelone

Saft und abgeriebene
Schale von 2 Limetten

Minzeblätter zum
Dekorieren

Wasser mit Zucker und Limettensaft verrühren, 2 Minuten aufkochen, dann abkühlen lassen.
Die Melone entkernen, aushöhlen und das Fruchtfleisch im Mixer pürieren. Mit dem Zuckersirup vermischen und einfrieren. Zwischendurch die abgeriebene Limettenschale unterrühren.
In Glasschalen servieren, mit Minzeblättchen garnieren

NÁRA!

Salate

knackig frische Muntermacher!
unschlagbare Vitaminkombinationen

tägl. 5x etwas Salat, Obst
oder Gemüse essen ☺

Thailändischer Gurkensalat

1 Salatgurke
1 kleine rote Zwiebel
1 Handvoll frische Minzeblätter
Für das Dressing:
Saft einer Limette
1 EL thailändische Fischsauce (Nam plaa)
1 EL Zucker
1 kleine grüne Chilischote, entkernt und fein gehackt
2 gehackte Knoblauchzehen
Salz, Pfeffer aus der Mühle
Zum Garnieren:
2 EL geröstete und grob gehackte Erdnüsse

Die Gurke waschen, längs halbieren und entkernen. Dann in hauchdünne Scheiben hobeln und diese in eine Schüssel geben.
Die Zwiebel fein hacken. Die Minze waschen, trocken schütteln und fein hacken.
Beides mit der Gurke vermischen.
Aus den angegebenen Zutaten das Dressing rühren und den Salat damit würzen.
Mit den gerösteten Erdnüssen bestreuen und servieren.

"SOLANGE MAN
LACHT, BEFINDET
MAN SICH IN
GESELLSCHAFT
DER GÖTTER" Jap.

Asiatischer Nudelsalat mit gebratenen Putenstreifen

1 Packung Udon-Nudeln
1–2 TL asiatisches Sesamöl
200 g Putenschnitzel
2 EL Öl
1 Stück Ingwer, ca. 3 cm lang
1 Knoblauchzehe
2 Karotten
1 Bund Radieschen
1 kleine Gurke
2 EL gehacktes Koriandergrün
4 EL gehackte, geröstete Cashewkerne
Für das Dressing:
1 EL Palmzucker
3 EL Sojasauce
4 EL Limettensaft
4 EL Öl
Salz, Pfeffer aus der Mühle
1 Prise Cayennepfeffer

Die Udon-Nudeln nach Packungsanweisung garen. Abgießen und sofort kalt abspülen. Gut abtropfen lassen und in eine Schüssel füllen. Die Nudeln mit dem Sesamöl benetzen, damit sie nicht verkleben, und erkalten lassen.
Das Putenschnitzel waschen, trocken tupfen und in fingerdicke Streifen schneiden. In heißem Öl kross braten und beiseite stellen.
Ingwer schälen und fein hacken, Knoblauch ebenfalls fein hacken. Karotten, Radieschen und Gurke putzen und in kleine Würfel schneiden.
Gemüse und Putenstreifen zu den Nudeln geben und gründlich vermischen.
Palmzucker im Wasserbad erhitzen, bis er flüssig ist. Dann mit Sojasauce, Limettensaft und Öl zu einem Dressing rühren. Mit Salz, Pfeffer und Cayennepfeffer abschmecken und über den Nudelsalat geben. Gut durchmischen. Mit Koriandergrün und Cashewkernen bestreuen und servieren.

Reissalat mit Oliven und Parmaschinken

200 g Risottoreis (z.B. Arborio)
1 rote Paprikaschote
1 Handvoll Basilikumblätter
16 schwarze Oliven ohne Stein
1 Frühlingszwiebel
1 fingerdicke Scheibe Parmaschinken
50 g Parmesan im Stück
4 EL Olivenöl
2 EL Balsamessig
Salz, schwarzer Pfeffer aus der Mühle

Den Risottoreis in Salzwasser al dente garen, abgießen, kalt abspülen und abtropfen lassen.
In der Zwischenzeit die Paprikaschote waschen, putzen und in schmale Streifen schneiden. Das Basilikum waschen, trocken schütteln und in hauchfeine Streifen schneiden (ein paar Blätter zum Garnieren aufheben).
Die Oliven eventuell abtropfen lassen und grob hacken. Die Frühlingszwiebel klein schneiden. Parmaschinken würfeln, Parmesan grob raspeln oder in kleine Würfel schneiden.
Den abgetropften Reis in eine Schüssel geben und mit den vorbereiteten Zutaten vermischen. Mit Salz, Pfeffer, Olivenöl und Balsamico-Essig herzhaft abschmecken.
Den Reissalat gut durchmischen und mit den restlichen Basilikumblättern garnieren.

Bunte Blattsalate mit Artischockenherzen

4 EL Weißweinessig
8 frische Artischocken
1 Knoblauchzehe
4 EL Olivenöl
500g gemischte junge Blattsalate
Salz, Pfeffer aus der Mühle
2 EL gehackte Petersilie zum Garnieren

Einen Topf Wasser mit 2 Esslöffel Weißweinessig säuern, salzen und zum Kochen bringen.
In der Zwischenzeit die Artischocken putzen und dann sofort 30 Minuten im Essigwasser garen. Herausheben, kalt abschrecken und kopfüber abtropfen lassen. Die Artischockenböden freilegen und dabei sämtliche harten Blätter und den faserigen Flaum am Boden entfernen.
Die Artischockenböden nun vierteln. Den Knoblauch fein hacken. 2 Esslöffel Olivenöl in einer Pfanne erhitzen, den Knoblauch darin andünsten. Die Artischockenviertel hineinsetzen und kurz im Knoblauchöl schwenken.
In der Zwischenzeit die Blattsalate putzen und auf Teller verteilen. Die Artischocken aus der Pfanne heben und dekorativ auf den Blattsalaten anrichten.
Mit dem restlichen Öl, Salz und frisch gemahlenem Pfeffer und einem Spritzer Weinessig abschmecken. Mit der Petersilie bestreuen und temperiert servieren.

Eine wunderbare Vorspeise zu einem gegrillten Fisch.

ENSALADA CANARIA

Sommersalat für 4 Personen:

2 EIER
2 SALATHERZEN
1 SALATGURKE
500 g TOMATEN
1 rote PAPRIKA
8 RADIESCHEN
2 große NEKTARINEN
1 AVOCADO
1 ZWIEBEL
80 g schwarze OLIVEN
8 EL Olivenöl
4 EL weißer BALSAMICO
2 EL ZITRONENSAFT
SALZ • PFEFFER • ZUCKER

KANARISCHE INSELN

Die Eier in kochendem Wasser etwa 8 Minuten hart kochen. Kalt abschrecken, pellen und längs halbieren.
Den Salat putzen, waschen, trockenschleudern und die Blätter auf einer Platte anrichten. Gurke schälen. Tomaten, Paprika, Radieschen und Nektarinen waschen, putzen und alles in mundgerechte Stücke schneiden.
Die Avocado schälen, halbieren und den Kern entfernen. Das Fruchtfleisch in Spalten schneiden.
Zwiebeln ebenfalls schälen und in feine Spalten schneiden.
Gemüse und Obst mischen und mit den Eiern und Oliven auf den Salatblättern anrichten.
Für Vinaigrette Olivenöl mit Balsamico-Essig und Zitronensaft verquirlen, mit Salz, Pfeffer und einer Prise Zucker abschmecken. Kurz vor dem Servieren über den Salat träufeln.

„das Glück ist nicht in einem
ewig lachenden Himmel
zu suchen – sondern in ganz
feinen Kleinigkeiten, aus denen
wir unser Leben zurechtzimmern"

(C. Sylva)

FRIENDSHIP
MÁRA!

Frischer Selleriesalat mit Äpfeln

5–6 Stangen Sellerie
1 Karotte
1 Apfel
1 feste Birne
1 Spritzer Zitronensaft
150 g blaue, kernlose Trauben
2 EL Walnusskerne
Für das Dressing:
4 EL Salatmayonnaise
4 EL Naturjoghurt
1 TL abgeriebene Schale einer unbehandelten Zitrone
4 EL Orangensaft
1/2 TL edelsüßer Paprika
Salz, Pfeffer aus der Mühle

Sellerie und Karotte putzen und in feine Scheiben schneiden. Apfel und Birne schälen, entkernen und in Stücke schneiden. Sofort mit dem Zitronensaft beträufeln, damit sie schön hell bleiben. Alles in eine Schüssel geben und mit den Trauben und Nüssen vermischen.
Aus den angegebenen Zutaten das Dressing rühren und über den Salat geben. Sorgfältig durchmischen und servieren.

Bunter Chicoreesalat

2 Chicoree
1 Orange
1 Apfel
Für das Dressing:
2 EL Zitronensaft
3 EL Sahne
etwas Zucker (bei Bedarf)
3 EL gehackte Petersilie
2 EL geriebene Haselnüsse

Die Chicoree in Streifen schneiden (den bitteren Strunk in der Mitte entfernen), die Orange und den Apfel schälen und in kleine Stücke schneiden. Die Zutaten für das Dressing mischen und vorsichtig unterheben. Mit Petersilie und Haselnüssen bestreuen.

Tipp: Lassen Sie Ihre Phantasie spielen: Zu dem säuerlichen Chicoree passen verschiedene Obstsorten wunderbar – sogar Bananen.

Warmer Tortellinisalat

1 kleine rote Zwiebel
1 rote Paprikaschote
2 kleine Karotten
100 g Zuckerschoten
2 EL Olivenöl
500 g Tortellini mit Käsefüllung
Salz, Pfeffer aus der Mühle
große Salatblätter zum Anrichten
Balsamico-Dressing (siehe Seite 57)

Die Zwiebel fein hacken. Die Paprikaschote putzen, entkernen und fein würfeln, die Karotten in feine Scheiben schneiden.
Das Olivenöl in einer Pfanne erhitzen und das Gemüse darin einige Minuten weich dünsten. Salzen und pfeffern.
Die Tortellini in Salzwasser bissfest garen. Mit einem Sieblöffel herausheben, abtropfen lassen und kurz in der Gemüsepfanne schwenken. Pfanne vom Herd nehmen und den Inhalt leicht abkühlen lassen.
Die Salatblätter putzen und auf Tellern ausbreiten. Tortellini und Gemüse darauf anrichten.
Den Tortellinisalat mit dem Balsamico-Dressing beträufeln.

Bohnensalat mit geröstetem Paprika

2 rote Paprikaschoten
75 ml Olivenöl
350 g gekochte weiße Bohnen
1 Schalotte
4 EL Champagneressig
Salz, Pfeffer aus der Mühle
4 EL grob gehackte Petersilie

Den Backofen auf 200 °C vorheizen.
Paprikaschoten putzen, entkernen und vierteln. Mit Olivenöl bepinseln und mit der glatten Seite nach oben auf ein mit Backpapier ausgelegtes Blech legen. Im heißen Backofen rösten, bis die Stücke bräunen und Blasen werfen.
Dann die Paprikaschoten aus dem Ofen nehmen und zugedeckt etwa15 Minuten ruhen lassen.
Mit einem scharfen Messer die Haut abziehen.
Die Paprika in schmale Streifen schneiden und mit den Bohnen in eine Salatschüssel geben.
Die Schalotte fein hacken und untermengen.
Den Bohnensalat mit dem restlichen Olivenöl, Essig und Salz und frisch gemahlenem Pfeffer herzhaft abschmecken. Mit der frisch gehackten Petersilie bestreuen und servieren.

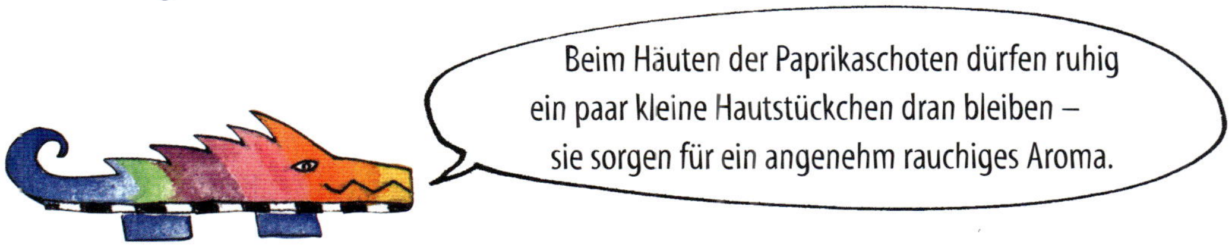

Mangosalat mit frischem Thai-Basilikum

2 reife Mangos
1 Salatgurke
1 rote Paprikaschote
1 grüner Vogelaugenchili
1 kleines Bund frisches Thai-Basilikum
200 g gekochter Reis
4 EL Öl
4 EL Limettensaft
1 Spritzer Champagner- oder Reisessig
Salz, Pfeffer aus der Mühle

Die Mangos schälen, entsteinen und würfeln. Die Gurke waschen, längs halbieren und entkernen, dann ebenfalls in Würfel schneiden. Die Paprikaschote putzen, entkernen und in Streifen schneiden.
Die Chilischote putzen, entkernen und winzig fein würfeln.
Das Thai-Basilikum waschen und trocken schütteln. Ein paar Blätter zum Garnieren beiseite legen, den Rest fein hacken.
Die vorbereiteten Zutaten und den Reis in einer Schüssel vermischen.
Mit Öl, Limettensaft, Essig, Salz und Pfeffer aus der Mühle würzen.
Auf Teller verteilen und die Portionen mit den Basilikumblättchen garnieren.

Avocadosalat

1 reife Avocado
1 grüne Paprikaschote
4 Scheiben Ananas
200 g gekochter Reis
2–3 EL Zitronensaft
4 EL Öl
Salz, Pfeffer aus der Mühle

Die Avocado schälen und entkernen. Das Fruchtfleisch in Streifen schneiden. Paprikaschote putzen, entkernen und in Streifen schneiden.
Die Ananas würfeln.
In eine Schüssel geben und mit dem Reis vermischen. Mit Zitronensaft und Öl beträufeln und mit Salz und frisch gemahlenem Pfeffer abrunden.

Kräuterdressing

1 Handvoll Basilikumblätter
1 Handvoll Petersilie
1 Handvoll Schnittlauch und Dill
1 Knoblauchzehe
150 g saure Sahne
4 EL Salatmayonnaise
1 TL Senf
2 TL Zitronensaft
1 Spritzer Worcestersauce
1 Spritzer Tabasco
Salz, Pfeffer aus der Mühle

Die Kräuter waschen, trocken schütteln und fein hacken. Die Knoblauchzehe fein hacken. In ein Schälchen geben und mit den restlichen Zutaten verrühren.

Balsamico-Dressing

50 ml Olivenöl
3 EL Balsamico-Essig
1 TL Zucker
Salz, Pfeffer aus der Mühle
1 EL frische, gehackte Kräuter

Das Olivenöl mit Balsamico-Essig und Zucker verrühren. Salzen und pfeffern, Kräuter unterrühren.

Limetten-Dressing

Saft einer Limette
1 Spritzer Reisessig
4 EL Olivenöl
1 TL gemahlener Kreuzkümmel
1 fein gehackte Knoblauchzehe
Salz, Pfeffer aus der Mühle

Die Zutaten in ein Schälchen geben und kräftig verrühren. Sorgfältig abschmecken und nach Rezept verwenden.

Dijon-Dressing

2 TL Dijonsenf
1–2 EL Zitronensaft
1 Spritzer Worcestersauce
1 EL Olivenöl
4 EL Distelöl
Salz, Pfeffer aus der Mühle

Die Zutaten verrühren und mit Salz und Pfeffer abschmecken.

SOMMERSALAT MIT ANANAS:

½ Ananas, 1 Scheibe Mango, 1 Lauchzwiebel kleinschneiden. Mit 50 g Sojasprossen, 100 g Salatblättern (z. B. Eichblatt) und 30 g. Putenbrust (in Scheiben geschnitten) mischen. – 5 EL Orangensaft mit Salz, Cayennepfeffer und etwas Currypulver verrühren und darüber geben. – köstlich!

Suppen

... machen Spaß!
lassen sich gut vorbereiten -
und eignen sich mit
Salat auch prima als
leichte Hauptmahlzeit.

Lauch-Kartoffel-Suppe mit Weißwein

2 Lauchstangen
4 mittelgroße Kartoffeln
2 EL Butter
50 ml trockener Weißwein
1 l Geflügel- oder Gemüsebrühe
Salz, Pfeffer aus der Mühle

Die Lauchstangen putzen, längs halbieren und sorgfältig ausspülen. Den hellgrünen und weißen Teil in feine Streifen schneiden. Die Kartoffeln schälen und grob würfeln.
Die Butter in einem Suppentopf erhitzen. Lauch und Kartoffeln kurz darin anschwitzen, dann mit Weißwein übergießen. Den Wein einkochen lassen, dann die Brühe hinzugießen und zum Kochen bringen. Das Gemüse bei sanfter Hitze in der Brühe gar köcheln lassen (etwa 15 Minuten).
Mit Salz und Pfeffer abschmecken und zu Tisch bringen.

Tipp: Fügen Sie der Suppe noch Zwei Karotten und eine kleine Chilischote hinzu.

Pilzsuppe mit Koriandergrün

4 getrocknete Mu-err-Pilze
4 getrocknete Shiitake-Pilze
1 kleine Dose Bambussprossen
1 kleine Dose Wasserkastanien
1 Stück Ingwer, ca. 2-3 cm lang
1 Knoblauchzehe
1 kleines Bund Koriandergrün
1 l heiße Fleisch- oder Gemüsebrühe
2 EL Sojasauce

Die getrockneten Pilze mit 250 ml heißem Wasser übergießen und 20 bis 30 Minuten einweichen lassen. Herausheben und in Streifen schneiden.
Die harten Stiele der Shiitake-Pilze entfernen. Sie können die Stiele nach Wunsch fürs Aroma mit in die Suppe geben und vor dem Servieren wieder herausfischen.
Bambussprossen und Wasserkastanien abtropfen lassen. Ingwer und Knoblauch schälen und fein hacken. Koriandergrün von den Stängeln zupfen.
Die vorbereiteten Zutaten sowie das durchgeseihte Einweichwasser der Pilze in die heiße Brühe geben. Bei sanfter Hitze gut 5 Minuten durchköcheln lassen. Suppe mit Sojasauce abschmecken und servieren.

Geeiste Vichyssoise

4 Lauchstangen
2 mittelgroße Kartoffeln
2 EL Butter
1 l Fleisch- oder Gemüsebrühe
200 ml Sahne
frisch geriebener Muskat
Salz, weißer Pfeffer aus der Mühle
einige Eiswürfel
Schnittlauch zum Garnieren

Die Lauchstangen sorgfältig putzen. Für die Suppe nur den weißen Teil verwenden und in Streifen schneiden. Die Kartoffeln schälen und fein würfeln. Die Butter in einem Suppentopf erhitzen. Den Lauch hineingeben und bei sanfter Hitze etwa 15 Minuten weich dünsten.
Die Kartoffelwürfel und die Brühe hinzufügen und zum Kochen bringen. Ungefähr 30 Minuten leise köcheln lassen, bis die Kartoffeln sehr weich sind und fast zerfallen.
Die Suppe nun pürieren. Wenn Sie eine besonders glatte Suppe möchten, nach dem Pürieren durch ein Sieb streichen.
Die Suppe mit Sahne und Gewürzen verfeinern. Einige Eiswürfel hineinsetzen, damit die dickliche Vichyssoise etwas flüssiger wird und schneller erkaltet. Bis zum Servieren in den Kühlschrank stellen.
Auf Teller verteilen und mit Schnittlauchröllchen garniert servieren.

Kürbiscremesuppe

1 kleiner Kürbis (ca. 1,5 – 2 kg)
1 Schalotte
2 EL Butter
1 l Gemüse- oder Geflügelbrühe
100 g Sahne
frisch geriebener Muskat
1 Prise gemahlener Paprika
Salz, Pfeffer aus der Mühle

Den Kürbis schälen und entkernen. Das Fleisch in Würfel schneiden.
Die Schalotte fein hacken und in der heißen Butter anschwitzen. Die Kürbiswürfel hinzufügen und andünsten, bis sie rundum glasig glänzen. Mit Brühe auffüllen und zum Kochen bringen. Die Kürbiswürfel bei mittlerer Hitze in der Brühe weich garen.
Die Suppe pürieren und mit Sahne und Gewürzen verfeinern. Eventuell mit etwas Wasser zur gewünschten Konsistenz verflüssigen.

Wantan-Suppe

25-30 Wantanhüllen
1 l Hühnerbrühe
(siehe z.B. Rezept auf Seite 63)
1 EL Reisessig · 1 EL Sojasauce
Für die Füllung:
100 g geschälte Nordseekrabben
3 Frühlingszwiebeln · 50 g Sojasprossen
2 Knoblauchzehen · 1 Stück Ingwer, ca. 3 cm lang
250 g Schweinehack · 1 TL asiatisches Sesamöl
1 EL Sojasauce · 1 EL Austernsauce
2 EL Speisestärke, 1 Ei

Die Nordseekrabben fein hacken. Den weißen Teil der Frühlingszwiebeln und die Sojasprossen putzen und fein hacken. Den grünen Teil der Frühlingszwiebeln in Röllchen schneiden und zum Garnieren beiseite stellen. Knoblauch und Ingwer fein hacken.
Diese Zutaten mit dem Schweinehack vermischen und mit Sesamöl, Sojasauce und Austernsauce würzen. Mit Stärke und Ei binden. Zu einer glatten Masse verarbeiten.
Jeweils 2 bis 4 Wantanhüllen auf einer Arbeitsfläche ausbreiten. Etwas Füllmasse in die Mitte der Wantanhüllen geben. Die Ränder leicht mit Wasser anfeuchten und über der Füllung zusammenfalten.
Die gefüllten Wantan in der heißen Brühe gar ziehen lassen (gut 5 Minuten). Suppe mit Reisessig und Sojasauce abschmecken, mit den Frühlingszwiebeln garnieren und servieren.

Chinesische Sauer-Scharf-Suppe

4 getrocknete Shiitake-Pilze
100 g fester Tofu
1 Bund Frühlingszwiebeln
1 kleine Chilischote
3 cm Ingwer
1 Knoblauchzehe
1 l Fleisch- oder Gemüsebrühe
2 EL Sojasauce · 3 EL Reisessig
2 EL Speisestärke, 1 Ei

Die Pilze mit heißem Wasser überbrühen und 30 Minuten einweichen lassen. Dann in schmale Streifen schneiden, die harten Stiele entfernen. Tofu würfeln.
Die Frühlingszwiebeln putzen und in feine Röllchen schneiden. Die Chilischote putzen, entkernen und in hauchdünne Ringe schneiden. Ingwer und Knoblauch schälen und fein hacken.
Die Fleischbrühe erhitzen. Ingwer, Knoblauch, Pilze, Tofuwürfel und den weißen Teil der Frühlingszwiebeln (das Grün zum Garnieren aufheben) sowie die Chilischote hinzufügen und heiß werden lassen.
Suppe mit Sojasauce und Essig abschmecken.
Die Speisestärke mit 3 Esslöffeln Wasser anrühren und die Suppe damit andicken. Zum Schluss das Ei verquirlen, in die Suppe geben und gar werden lassen.
Auf Schalen verteilen und mit dem Grün der Frühlingszwiebeln garnieren.

„MAN KANN WEDER GUT DENKEN, NOCH GUT LIEBEN, NOCH GUT SCHLAFEN, WENN MAN NICHT GUT GEGESSEN HAT"

Virginia Woolf

MÖHRENCREME SUPPE

mit Gemüseperlen

500 g Möhren
1 kl. Petersilienwurzel
Salz
1 Schalotte
1 dünne Stange Lauch
30 g Butter
1 TL Curry, Tabasco
450 ml Geflügelfond
200 g Schlagsahne
Pfeffer aus der Mühle
1 TL Aceto Balsamico
1 Prise Zucker

1. Möhren und Petersilienwurzel schälen. Aus einer Möhre mit dem Pariserlöffel kleine Kugeln ausstechen. Diese in sprudelndem Salzwasser 4 Minuten blanchieren, kalt abschrecken und abtropfen lassen.

2. Schalotte schälen, Lauch putzen, waschen und abtropfen lassen. Beides samt Möhren und Petersilienwurzel würfeln und in der Butter andünsten. Mit Currypulver bestäuben, einige Spritzer Tabasco dazugeben; mit dem Fond ablöschen

3. ca. 15 Min. weich kochen, dann mit dem Mixstab pürieren und durch ein Sieb passieren. 125 g Sahne unterrühren. Die Suppe mit Salz, Pfeffer und Aceto Balsamico abschmecken und erneut erhitzen.

4. Die übrige Sahne halbsteif schlagen.

Die Suppe in Teller oder Tassen füllen – die Sahne locker daraufsetzen und mit den Möhrenperlen garnieren.

„Gerade in der heutigen Zeit sollten wir versuchen, gemeinsam positive Energien auszusenden!" NÁRA!

Turn to the East – so you might have the courage of the eagle – To the South – so you might have the
power of the sun – To the West – so you might have the sensibility of the moon – To the North
than you might have the wisdom of the trees – To the Earth – so you might recive happiness
to the Sky – so you will find love ♡
MÁRA! 97

Thailändische Kokossuppe

- 600 ml Gemüsebrühe
- 400 ml Kokosmilch (Dose)
- 1–2 Stengel Zitronengras
- 1–2 kleine grüne Chilischoten
- 1 gehackte Knoblauchzehe
- 1 TL frischer gehackter Ingwer
- Salz
- 1–2 Tomaten
- 350 g Hähnchenbrust
- 2 EL Limettensaft
- 1 EL gehacktes Koriandergrün

Die Brühe zusammen mit der Kokosmilch in einem Topf heiß werden lassen.
Inzwischen das Zitronengras putzen und in grobe Stücke schneiden. Die Chilischoten putzen, entkernen und in sehr feine Ringe schneiden. Knoblauch und Ingwer schälen und fein hacken.

Zitronengras, Chili, Knoblauch und Ingwer in die Kokosbrühe geben. Mit Fischsauce und Salz würzen und einige Minuten leise köcheln lassen, damit sich die Aromen gut verbinden.
Inzwischen die Tomate fein würfeln und die Hähnchenbrust in sehr feine Scheiben schneiden. Zusammen mit den Erbsen in die Suppe geben und etwa 5 Minuten leise gar ziehen lassen.
Das Zitronengras herausfischen und wegwerfen. Die Suppe mit Limettensaft verfeinern und noch einmal abschmecken.

Auf Teller verteilen und mit dem gehackten Koriandergrün servieren.

Hühnersuppe mit Zitronenaroma

1 Hähnchen
1 Bund Suppengrün
1/2 TL getrockneter Thymian
4–6 schwarze Pfefferkörner
Salz, Pfeffer aus der Mühle
1 Gemüsezwiebel
1 EL Butter
1 TL Mehl
Saft einer Zitrone
1 Eigelb
gehackter Schnittlauch zum Garnieren

Das Hähnchen waschen und trocken tupfen. Vierteln und mit Suppengrün, Thymian und Pfefferkörnern in einen Suppentopf legen. Die Hähnchenteile großzügig mit Wasser bedecken und zum Kochen bringen. Bei kleiner Hitze etwa 45 Minuten wallen lassen.

Die Brühe während des Kochens immer wieder abschäumen.
Die Hähnchenteile aus der Brühe heben und erkalten lassen. Ein Viertel häuten, entbeinen und in kleine Stücke schneiden. Den Rest für ein anderes Rezept aufheben.
1 Liter Hühnerbrühe erhitzen und mit Salz und frisch gemahlenem Pfeffer abschmecken.
Die Gemüsezwiebel halbieren und in Ringe schneiden. In der Butter weich dünsten. Mit Mehl überstäuben.
Eine Kelle Brühe abschöpfen und mit Zitronensaft und Eigelb verrühren. Die gedünstete Zwiebel und das Hähnchenfleisch in die heiße Brühe geben. Die Suppe vom Herd nehmen und die Ei-Zitronen-Mischung einrühren.
Auf Teller verteilen und mit Schnittlauch garniert servieren.

MÁRA!

Hauptgerichte

zum Schlemmen und Auftanken

genießen Sie die
Glücksmomente
des Lebens

Schweinefilet mit Kräutern in Blätterteig

1 Packung TK-Blätterteig (300 g)
500–600 g Schweinefilet
1 Bund Schnittlauch
1 kleines Bund Salbeiblätter
1 kleines Bund Thymian
1 EL gehackte Petersilie
2 TL Dijonsenf
1–2 EL Olivenöl
Salz, Pfeffer aus der Mühle
1 Eigelb zum Bestreichen

Den Backofen auf 180 °C vorheizen und den Blätterteig auftauen lassen.
Das Filet waschen und trocken tupfen.
Schnittlauch und Salbei fein hacken und in ein Schälchen geben. Die Thymianblättchen von den Stängeln zupfen und zusammen mit der Petersilie zu den übrigen Kräutern geben. Dijonsenf und Olivenöl hinzufügen und alles zu einer gleichmäßigen Paste verrühren. Mit Salz und frisch gemahlenem Pfeffer abschmecken.
Den Blätterteig so groß ausrollen, dass sich das Schweinefilet darin einwickeln lässt. Das Fleischstück auf den Blätterteig setzen und rundum mit der Kräuterpaste bestreichen. Den Blätterteig über das Fleisch schlagen und gut versiegeln.
Auf ein mit kaltem Wasser abgespültes Blech setzen. Mit Eigelb bestreichen und im vorgeheizten Backofen etwa 40 Minuten garen.
Das Schweinefleisch ist dann innen noch leicht rosa. Wenn Sie Ihr Fleisch lieber ganz durchgegart essen, entsprechend länger im Rohr lassen.

Dazu passt grüner Blattsalat.

Rindfleischpfanne mit Gemüse und Rotwein

- 500 g Rindfleisch aus kontrollierter Aufzucht
- 250 ml trockener Rotwein
- 2 Zwiebeln
- 2 Knoblauchzehen
- 1 kleines Bund Thymian
- 125 g Champignons
- 1–2 Kartoffeln
- 100 g Staudensellerie
- 2 EL Butter
- 1 EL Öl
- 1 kleine Dose Tomaten, gewürfelt
- Salz, Pfeffer aus der Mühle
- 1 TL gemahlener Paprika
- 2 TL brauner Zucker
- 2–3 EL Crème fraîche

Das Rindfleisch in Würfel schneiden. In eine Schüssel geben und mit Rotwein übergießen. Abdecken und 3 bis 4 Stunden ziehen lassen.
Zwiebeln, Knoblauch und Thymian fein hacken. Pilze putzen und blättrig schneiden, Kartoffeln schälen und würfeln, Staudensellerie putzen und in schmale Streifen schneiden.
Butter und Öl in einer Schmorpfanne erhitzen und Zwiebeln, Knoblauch und Thymian darin anschwitzen. Das übrige Gemüse sowie die abgetropften Tomatenwürfel dazu geben. Salzen und pfeffern und heiß werden lassen. Jetzt auch das Rindfleisch mit dem Rotwein hinzufügen und zum Kochen bringen.
Mit Salz, frisch gemahlenem Pfeffer, Paprika und braunem Zucker abrunden. Auf kleiner Hitze gut eine Stunde schmurgeln lassen, bis das Fleisch weich und zart ist und die Gemüsesauce eingedickt ist. Zum Schluss mit Crème fraîche verfeinern und noch einmal abschmecken.

Lammkeule in *Kräuterkruste* mit Schmorgemüse

1 Lammkeule, ca. 1500 g
1–2 Rosmarinzweige
1 kleines Bund Salbeiblätter
1 kleines Bund Thymian
4 Knoblauchzehen
4 EL Olivenöl
500 g kleine Kartoffeln
500 g Tomaten
Salz, Pfeffer aus der Mühle

Die Lammkeule waschen und trocken tupfen.
Den Backofen auf 225 °C vorheizen.
Die Kräuter von den Stängeln zupfen und mit den Knoblauchzehen fein hacken. Mit Olivenöl verrühren, salzen und pfeffern.
Die Lammkeule mit der Kräutermischung einreiben und in eine Bratform legen.
Die Kartoffeln schälen und würfeln, die Tomaten je nach Größe halbieren oder vierteln. Beides um die Lammkeule herum verteilen.
Den Braten ins heiße Rohr geben. Die Temperatur sofort auf 175 °C reduzieren. Die Keule etwa eineinviertel Stunden braten, sodass das Fleisch innen noch rosa ist. Wenn Sie den Braten lieber durchgegart essen, entsprechend länger braten.
Während des Bratens ab und zu mit dem ausgetretenen Fleisch- und Gemüsesaft beschöpfen.
Die Lammkeule aus dem Ofen holen, mit Alufolie abdecken und 10 bis 15 Minuten ruhen lassen.
Dann in Scheiben schneiden und mit dem Gemüse servieren. Das Gemüse bekommt viel von der Bratenwürze ab, vor dem Servieren aber noch kurz abschmecken.

Ein tolles Essen für Freunde!

Sis-Kebab – Lamm-Kebabs mit Bulgur-Pilaw

400 g Lammkeule (ohne Knochen)
100 g weiße Gemüsezwiebeln
1 Knoblauchzehe
120 ml Olivenöl
1/2 TL Zimt
1 TL Kreuzkümmel
1 EL Thymian, getrocknet
2 EL Minze, gehackt
Cayennepfeffer · Salz
250 g Bulgur (Bioladen)
1 TL Kirmizi Pulbiber (Paprikaflocken, gibt's in türkischen Lebensmittelläden)
450 ml Gemüsebrühe
4 Tomaten
Petersilie für die Deko

Das Lammfleisch waschen, trockentupfen und in etwa 2 cm große Würfel schneiden. Je vier Fleischwürfel auf einen langen Metall- oder Holzspieß stecken.
Zwiebeln und Knoblauch schälen, beides sehr fein hacken. Für die Marinade die Hälfte der gehackten Zwiebeln und den Knoblauch mit 100 ml Olivenöl, Zimt, Kreuzkümmel, Thymian und Minze verrühren. Kräftig mit Cayennepfeffer und Salz würzen.
Über die Lammspieße träufeln und mindestens eine Stunde im Kühlschrank ziehen lassen, dabei einmal wenden.
Das restliche Olivenöl erhitzen, die übrigen gehackten Zwiebeln darin glasig dünsten. Bulgur zugeben und kurz mitdünsten.
Kirmizi Pulbiber und Gemüsebrühe zugeben. Alles einmal aufkochen lassen. Bulgur vom Herd nehmen und zugedeckt etwa 15 Minuten quellen lassen. Mit Salz und Cayennepfeffer abschmecken.
Lammspieße aus der Marinade nehmen, in einer beschichteten Pfanne bei kleiner Hitze etwa 15 Minuten von allen Seiten braten, dabei mehrmals wenden.
Die Tomaten waschen und in Scheiben schneiden. Lammspieße mit Bulgur, Tomaten und Petersilie anrichten.

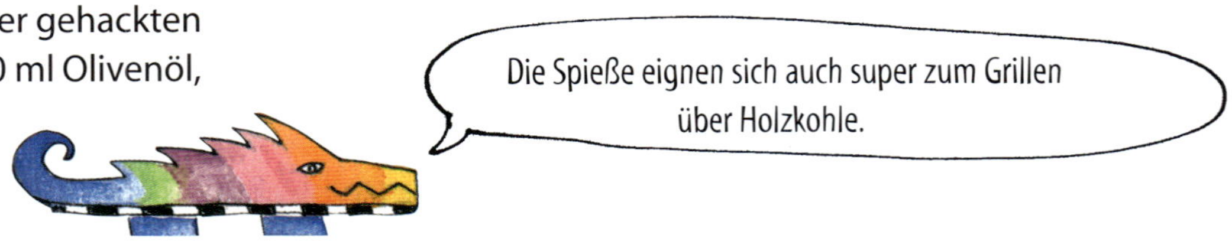

Lammsteaks mit Couscous und gebratenen Möhren

- 1 TL Kreuzkümmel, ganz
- 1 unbehandelte Zitrone
- 9 EL Olivenöl · Salz
- 1 kg Möhren · 2 EL Zucker
- 600 ml Möhrensaft
- 1–2 EL Harissa (oder Sambal Oelek)
- 250 g Rucola
- 1 Knoblauchzehe, gepresst
- Dill
- 12 schwarze Oliven mit Stein
- 2–3 Stiele Minze
- 250 g Couscous, instant
- 12 Lammrückensteaks

Den Kreuzkümmel im Mörser fein zerstoßen, die Zitronenschale abreiben, mit 3 Esslöffel Olivenöl und etwas Salz verrühren. Das Gewürzöl zur Seite stellen.

Die Möhren schälen und schräg in 1 cm dicke Scheiben schneiden. Den Zucker in einem Topf schmelzen. Die Möhren darin andünsten und mit dem Karottensaft ablöschen. Bei mittlerer Hitze bissfest garen, mit Salz und Harissa würzen.

Die Flüssigkeit in offenem Topf 10 Minuten dickflüssig einköcheln, den ausgepressten Zitronensaft dazugeben.

Rucola waschen, grob zerschneiden und in Sieb mit kochendem Wasser überbrühen. Mit 2 Esslöffel Olivenöl, Salz und Knoblauch pürieren. Den Dill fein schneiden und mit den Oliven unter die Möhren mischen. Minze grob schneiden.

350 ml Salzwasser aufkochen, Couscous und Rucolapürée einrühren, vom Herd nehmen und zugedeckt 7 Minuten quellen lassen. Couscous mit der Gabel auflockern, evtl. erhitzen.

Das restliche Öl in der Pfanne nicht zu stark erhitzen. Das Fleisch darin auf jeder Seite etwa 3 Minuten braten. Danach salzen.

Salat und Couscous auf Teller anrichten, die Fleischstücke mit dem Gewürzöl bestreichen und Minze darüberstreuen.

Safran-Spiesschen

600 g Hühnchenbrustfilets
100 ml Zitronensaft
1 Bund Petersilie (glatt)
1 Lorbeerblatt
Pfeffer, Tabasco
1 dünne Stange Lauch
300 g Kirschtomaten
60 g Butter
1 Tütchen Safran
Salz

- Fleisch in Würfel schneiden und in eine Steingutform mit Zitronensaft, gehackter Petersilie und einem zerdrückten Lorbeerblatt geben und pfeffern, etwas Tabasco nach Geschmack dazugeben; 30 Minuten marinieren lassen.
- Lauch und Tomaten waschen, in Würfel schneiden und bei kleiner Flamme die Butter schmelzen.
- Safran in kochendem Wasser auflösen.
- Hühnchenstücke abtropfen lassen, auf Spießchen stecken dabei immer auch ein Stück Tomate und Lauch auffädeln. Die zerlassene Butter und das Safranwasser mit der Marinade mischen und die Spieße während des Bratens in der Steingutform mit einem Pinsel immer wieder mit der Sauce bestreichen.
- Salzen und gut durchgebräunt servieren.

dazu: Salat + Knoblauchbaguette ...

Hähnchen *in* Rotwein

- 1,5 kg Hähnchenteile
- 2 Gemüsezwiebeln
- 2 Knoblauchzehen
- 100 g scharfe Salami am Stück
- 4 EL Olivenöl
- 2 EL Cognac
- 1 EL frische Oreganoblättchen
- 1 EL frische Thymianblättchen
- 1 Lorbeerblatt
- 500 g Tomatenpüree
- 350 ml trockener Rotwein
- Salz, Pfeffer aus der Mühle

Die Hähnchenteile abspülen und trocken tupfen. Kräftig salzen und pfeffern. Gemüsezwiebeln und Knoblauch grob hacken. Die Salami grob würfeln. Das Olivenöl erhitzen und die Hähnchenteile darin kräftig anbraten. Herausheben und kurz beiseite stellen.
Zwiebeln und Knoblauch ins heiße Öl geben und glasig dünsten. Die Hähnchenteile sowie die Salamiwürfel hinzufügen. Mit Cognac ablöschen.
Nun die Kräuter und das Tomatenpüree einrühren. Mit Rotwein auffüllen und zum Kochen bringen. Dann die Hähnchenteile bei milder Hitze und spaltbreit geöffnetem Deckel knapp eine Stunde gar schmoren. Abschmecken und mit Reis oder gerösteten Kartoffeln als Beilage servieren.

Geschmortes Hähnchen mit Kräutern und Oliven

- 1 Masthähnchen oder Hähnchenteile (ca. 1,5 kg)
- 1 Zwiebel
- 2 EL Butter
- 1 Lorbeerblatt
- 4–6 Salbeiblätter
- 1 kleiner Rosmarinzweig
- 2–4 Thymianzweige
- 100 ml trockener Weißwein
- 100 g schwarze Oliven ohne Stein
- Salz, Pfeffer aus der Mühle

Das Hähnchen waschen und trocken tupfen. In Viertel schneiden und diese rundum kräftig salzen und pfeffern.
Die Zwiebel achteln. Die Butter in einer großen Pfanne erhitzen. Die Hähnchenviertel rundherum scharf anbraten und aus der Pfanne heben.
Die Zwiebelspalten in der Pfanne glasig dünsten und die Kräuter hinzufügen. Die Hähnchenteile mit dem ausgetretenen Bratensaft wieder in die Pfanne setzen.
Mit Weißwein ablöschen. Pfanne abdecken und das Fleisch auf kleiner Flamme gar schmoren lassen (gut 45 Minuten).
Gegen Ende der Garzeit die Oliven einstreuen und heiß werden lassen.

BE HAPPY!

„Ein Lächeln entspannt die wichtigsten Gesichtsmuskeln und löst eine gefühlsmäßige Kettenreaktion aus, die unweigerlich Ihr Wohlbefinden steigert!“

Gebratenes Hähnchen mit Ahornsirupglasur und Kürbiswürfeln

2 Masthähnchen oder Hähnchenteile
(insgesamt ca. 3 kg)
1–2 Rosmarinzweige
2–3 EL zerlassene Butter
Salz, Pfeffer aus der Mühle
1 kg Kürbisfleisch
150 ml Ahornsirup

Den Backofen auf 200 °C vorheizen.
Die Hähnchen waschen und trocken tupfen.
Rosmarinnadeln vom Stängel zupfen und fein hacken.
Die Hähnchen mit der zerlassenen Butter bepinseln und mit Salz, Pfeffer und dem gehackten Rosmarin einreiben.
Den Kürbis eventuell schälen und entkernen und in grobe Würfel schneiden.
Die vorbereiteten Hähnchen in eine Bratform setzen und mit den Kürbiswürfeln umkränzen.
Die Hähnchen auf der unteren Schubleiste des Ofens garen. Nach den ersten 15 Minuten die Brattemperatur auf 180 °C reduzieren. Alle 10 Minuten die Hähnchen mit ein wenig Ahornsirup übergießen. Wenn der Ahornsirup aufgebraucht ist, bevor die Hähnchen durch sind, während der restlichen Garzeit mit Bratensaft beschöpfen.

Die goldbraun gebratenen Hähnchen aus dem Rohr nehmen, mit Alufolie abdecken und vor dem Tranchieren 5 bis 10 Minuten ruhen lassen. Mit den Kürbiswürfeln servieren.

Tipp: Jede Art von Wintergemüse schmeckt zu diesem Gericht, das an gemütliche Abende in einer warmen Stube denken lässt. Nehmen Sie statt Kürbis einmal Knollensellerie, Zwiebeln oder Karotten oder mischen Sie Ihre Lieblingssorten.

Estragon

Einige Zweige für Gurken- und Zucchinisalate in Weinessig legen, das gibt eine ganz pikante Note

Oregano

Bekannt als Pizzagewürz, sehr vielseitig verwendbar. Sparsam dosieren.

Thymian

Das meist verwendete Gewürz in Frankreich, unverwechselbares Mitglied bei den Herbes de Provence.

Basilikum

Noch vor 20 Jahren war Basilikum hier zu Lande nahezu unbekannt. Mit Einzug der mediterranen Küche hat es aber immer mehr Anhänger gefunden. Das würzig-pfeffrige Kraut passt besonders gut zu Tomaten, Knoblauch, Nudeln, Salat, Geflügel und Fleisch. Seine Vielseitigkeit macht es zu einem Universaltalent in der Küche. Da es hitzeempfindlich ist, wird es am besten erst kurz vor Ende der Garzeit zugegeben.

Dill

Am besten nur die fein gefiederten Blätter verwenden; ideal zu Gurkensalat, Blumenkohl und Spargel.

Petersilie

Petersilie eignet sich besonders als Würzkraut für Salate, Saucen und Suppen. Darüber hinaus passt sein feiner Geschmack zu fast allen Speisen, wobei die glatte Variante ein stärkeres Aroma aufweist. Frische Petersilie hält sich in einem verschlossenen Kunststoffbeutel im Kühlschrank einige Tage.

Rosmarin

Ein typisches Kraut aus dem Mittelmeerraum, das Fleisch, Fisch und Gemüse gleichermaßen aromatisiert.

„Ich liebe Essen mit frischen Kräutern!"

Schnittlauch

Schnittlauch ist der kleinste Vertreter der Zwiebelfamilie und die langen, grasähnlichen Stängel haben einen milden, angenehmen Geschmack. Frischer Schnittlauch ist knackig frisch, grün und hat keine gelblichen Verfärbungen. Schnittlauch wird nach dem Waschen am besten mit einer Schere in Ringe geschnitten. Sein würzig milder Geschmack passt zuSalaten, Saucen, Dips, Nudeln, Fisch, Fleischund Geflügel.

Kerbel

Wie alle Kräuter erst kurz vor dem Servieren zufügen; verbreitet ein feines, süßliches Aroma

Es schmeckt einfach besser!

Es gibt viele Gründe Kräuter zu verwenden, der wichtigste: Es schmeckt einfach besser! Kräuter verfeinern mit ihrem feinen Duft und ihrem würzigen Aroma jedes Gericht und enthalten noch viele Mineralstoffe und Vitamine. Saucen und Dips schmecken zu Fleisch, Fisch, Eiern, Gemüse und Kartoffeln und sind einfach und schnell zubereitet. Würzige Kräuter geben ihnen den besonderen Pfiff und zusammen sind sie ein unschlagbares Duo.

Philly Burger mit Käse und Pilzen

2 Zwiebeln · 250 g Champignons · 3 EL Öl oder Butter · Salz, Pfeffer aus der Mühle · einige Thymianzweige · 500 g Hackfleisch (vorzugsweise reines Rinderhack aus kontrollierter Aufzucht) · 2 Spritzer Tabasco · 1 EL Senf
Zum Anrichten: 4 Brötchen · 4 Scheiben Käse (Emmentaler oder Gouda) Ketchup

Zwiebeln in Ringe schneiden. Pilze putzen und blättrig aufschneiden. Etwas Öl oder Butter in einer Pfanne erhitzen und Zwiebelringe darin glasig dünsten. Die Pilze hinzufügen, salzen und pfeffern. Thymianblättchen von den Stängeln zupfen und unterrühren. Diese Mischung unter gelegentlichem Rühren etwa 10 Minuten dünsten. In der Zwischenzeit das Hackfleisch mit Salz, Pfeffer aus der Mühle, Tabasco und einen Teelöffel Senf würzen. Vier flache Burger formen. Den Rest Öl oder Butter in einer Pfanne erhitzen und die Burger auf beiden Seiten bis zur gewünschten Garstufe braten. Brötchen halbieren, eine Hälfte mit Senf, die andere mit Ketchup bestreichen. Die Burger auf die unteren Hälften setzen und mit Käse belegen. Die Pilzmischung darüber häufen und die andere Brötchenhälfte darauf legen.

California Burger mit Avocado und Alfalfasprossen

4 Hähnchenschnitzel à 150 g · Salz, Pfeffer aus der Mühle
Saft einer Limette · Butter oder Öl zum Braten
1 Avocado · 1 Körbchen Alfalfasprossen · 4 Brötchen zum Anrichten
Mayonnaise zum Bestreichen

Hähnchenschnitzel flach klopfen, salzen, pfeffern und mit etwas Limettensaft beträufeln. 30 Minuten ziehen lassen, dann in Butter oder Öl auf beiden Seiten goldbraun braten. Die Avocado schälen und längs in Scheiben schneiden. Mit dem restlichen Limettensaft beträufeln. Die Sprossen abbrausen und abtropfen lassen. Brötchen halbieren und mit Mayonnaise bestreichen. Die gebratenen Hähnchenschnitzel auf die unteren Hälften setzen und mit Avocadoscheiben belegen. Die Sprossen darüber häufen. Mit der zweiten Brötchenhälfte abdecken und servieren.

Enchiladas mit Salsa

Für die Enchiladas:
125 ml Öl
12 Maistortillas
ca. 600 g gekochtes Hähnchenfleisch (z.B. von der Hühnersuppe auf Seite 69)
200 g geriebener Monterey Jack (oder ein anderer halbfester Schnittkäse)
200 g saure Sahne
Für die Salsa:
2 Zwiebeln
1,2 kg Tomaten
1 Jalapeñochili
2 EL Öl
1 kleines Bund Koriandergrün
Salz, Pfeffer aus der Mühle

Für die Salsa die Zwiebeln hacken, die Tomaten häuten und grob würfeln uns die Chilischote entkernen und fein hacken.
Das Öl erhitzen und die Zwiebeln darin glasig dünsten. Tomaten und Chili hinzufügen und zum Kochen bringen. Die Salsa salzen und pfeffern und auf kleiner Flamme etwa 20 Minuten köcheln lassen. Zum Schluss das Koriandergrün fein hacken, unterrühren und abschmecken.
Beiseite stellen.
Den Backofen auf 180 °C vorheizen.
Vor dem Füllen die Tortillas in Öl ausbacken. Dieser Schritt ist nicht unbedingt notwendig, aber die Tortillas behalten dadurch ihre Form besser und weichen in der Sauce nicht so leicht auf.
Das Öl in einer Pfanne erhitzen und dieTortillas nacheinander schwimmend ausbacken.
Auf Küchenkrepp abtropfen lassen.
Das Hähnchenfleisch in kleine Stücke teilen und mit Käse und saurer Sahne vermischen.
Etwas Salsa auf dem Boden einer großen Auflaufform verstreichen.
Die Tortillas mit der Hähnchenmasse füllen, zusammenrollen und mit der Nahtseite nach unten dicht an dicht in die Form setzen. Mit der restlichen Salsa überziehen und 45 Minuten im heißen Backofen überbacken.

Polentaschnitten mit Kalbsschnitzeln und Möhren

600 ml Milch
50 g Butter
Salz / Pfeffer / Muskatnuss
125 g Maisgries / Polenta
je 1 Bund Kerbel und Petersilie
50 g geriebener Parmesan
1 Eigelb
100 g geriebener Gouda
800 g Möhren, geschält
1/2 TL Zucker
200 ml Gemüsefond
4 dünne Kalbsschnitzel (à 130 g)
3 EL Öl
4 EL Marsala (Miniflasche)

Den Backofen auf 225 °C vorheizen.
Milch, Butter, Salz, Pfeffer und Muskat aufkochen. Grieß unter Rühren einrieseln lassen. Bei milder Hitze 10 Minuten quellen lassen, dabei mehrfach umrühren. Zwei Drittel der Kräuter fein hacken. Mit Parmesan und Eigelb unter den Brei rühren. Auf ein 24 x 20 cm großes und mit Backpapier ausgelegtes Blech streichen. Abkühlen lassen.
Aus der Polenta mit einem Glas Kreise ausstechen, diese halbieren und in eine gefettete Auflaufform setzen. Gouda aufstreuen. Im vorgeheizten Ofen auf der zweiten Schiene von unten 15 Minuten überbacken.

Möhren längs vierteln, in etwas Butter andünsten. Mit Salz, Pfeffer und Zucker abschmecken. Die Hälfte des Fondes zugeben und zugedeckt bei mittlerer Hitze 10 bis 12 Minuten garen.
Die halbierten Schnitzel in heißem Öl von jeder Seite eine Minute bei starker Hitze anbraten. Salzen, pfeffern, herausnehmen. Bratensatz mit dem restlichen Fond und Marsala ablöschen. 3 Minuten einkochen.
Mit Salz und Pfeffer abschmecken. Schnitzel wieder zugeben.
Mit Polentaschnitten, Möhren und übrigen Kräutern anrichten.

Kalbssteak mit Thunfischsauce und Tomatensaft

125 g Tunfisch im eigenen Saft
1 Eigelb (zimmerwarm!)
1 TL Senf, scharf
1 TL Zitronensaft
Salz
125 ml Sonnenblumenöl (zimmerwarm)
50 g schwarze Oliven mit Stein

800 g Kirschtomaten
75 g Schalotten
12 EL Olivenöl (gutes!)
2 EL Aceto Balsamico

schwarzer Pfeffer aus der Mühle
4 Stängel Basilikum
30 g Parmesan am Stück
4 Knoblauchzehen
1 Baguette
1 Bund glatte Petersilie
125 g Kapernäpfel
4 Kalbsrückensteaks (à 220 g, 3 cm dick)

Thunfisch abtropfen lassen, im Blitzhacker fein pürieren. Eigelb, Senf, Zitronensaft und etwas Salz in einem hohen Gefäß mit dem Handrührer leicht aufschlagen. Das Öl zuerst tropfenweise, dann im dünnen Strahl einlaufen lassen, dabei auf hohe Stufe schalten und schlagen, bis eine dicke Mayonnaise entsteht. Thunfischpüree mit einem Löffel unterrühren, kalt stellen. Oliven vom Stein schneiden, grob würfeln. Tomaten halbieren. Schalotten pellen, fein würfeln, in 4 Esslöffel Olivenöl andünsten und mit Balsamico-Essig ablöschen. Tomaten und Oliven eine Minute darin schwenken. Salzen und pfeffern. Basilikum grob zerpflücken, Parmesan grob reiben. Knoblauch pellen, 2 Zehen durchpressen und mit 3 Esslöffel Olivenöl verrühren. Brot längs halbieren, dann einmal teilen und mit dem Knoblauch einpinseln. Den restlichen Knoblauch in dünne Scheiben schneiden. Die Petersilie grob hacken.

Einen Gitterrost in die Backofenmitte schieben, darunter ein Blech. Den Backofen auf 180 °C vorheizen. Das Fleisch in einer schweren Pfanne in 2 Esslöffel Olivenöl bei starker Hitze auf jeder Seite etwa eine Minute kräftig anbraten, aus der Pfanne nehmen (Pfanne nicht ausspülen), auf den Gitterrost legen und 10 Minuten zu

Ende garen. Das Fleisch außerhalb des Ofens noch einige Minuten ruhen lassen.

Inzwischen die vier Baguette-Stücke im Ofen rösten.

3 Esslöffel Olivenöl in die Pfanne gießen, den Knoblauch darin mild anbraten. Kapernäpfel, grob gemahlenen Pfeffer, Petersilie und ausgetretenen Fleischsaft untermischen.

Den Tomatensalat anrichten und mit Basilikum und Parmesan bestreuen. Die Kalbssteaks salzen, mit der Knoblauch-Kapern-Mischung anrichten und mit der Thunfischsauce und dem Knoblauchbaguette servieren.

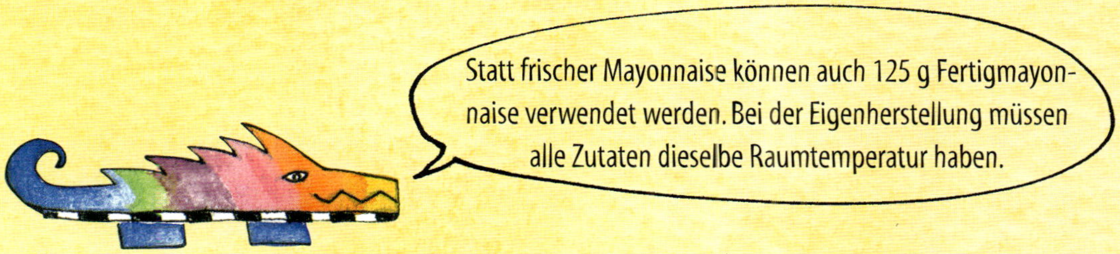

Briks à l'oeuf Teigtaschen mit Thunfisch und Ei

- 150g weiße Gemüsezwiebeln
- 1 Dose Thunfisch (150g) in Öl
- ½ Bund Petersilie
- 2 EL Zitronensaft
- ½ TL Harissa (Asienladen)
- Salz
- Pfeffer
- 4 Frühlingsrollen-Teigblätter 25x25 (Asienladen)
- Mehl für die Arbeitsplatte
- 4 Eigelb
- 2 Eiweiß
- Öl zum Braten

Die Gemüsezwiebeln schälen und sehr fein hacken. Thunfisch in ein Sieb abgießen, abtropfen lassen und fein hacken.
Petersilie putzen, waschen und trockenschütteln. Blätter abzupfen und ebenfalls fein hacken.
Zwiebelwürfel, Thunfisch, Petersilie, Zitronensaft und Harissa vermischen und kräftig mit Salz und Pfeffer abschmecken.
Ein Frühlingsrollenblatt auf einer bemehlten Arbeitsfläche auslegen. In der Mitte des Teigblatts ein Viertel der Thunfischmasse geben, eine Mulde hineindrücken und ein Eigelb hineinsetzen.
Das Eiweiß leicht verschlagen. Teigränder mit etwas Eiweiß bestreichen, den Teig über der Füllung zusammenschlagen und festdrücken. Mit den restlichen drei Teigblättern ebenso verfahren.
Öl etwa zwei Finger breit in eine Pfanne geben und erhitzen. Teigtaschen hineinsetzen und etwa 5 Minuten goldbraun ausbraten, dabei einmal wenden.
Thunfischtaschen herausheben und auf Küchenpapier etwas abtropfen lassen.
Mit Salat servieren.

MÁRA!

Kabeljau auf toskanische Art

800 g Kabeljaufilet · Mehl zum Wenden
2 Knoblauchzehen · 2 EL Olivenöl
1 Rosmarinzweig · 1 getrocknete Pfefferschote
750 g Tomatenwürfel (Dose)
Salz, Pfeffer aus der Mühle
50 ml trockener Weißwein
gehackte Petersilie zum Garnieren

Den Kabeljau waschen und trocken tupfen. In etwa handtellergroße Stücke teilen und in Mehl wenden. Die Knoblauchzehen fein hacken und in Olivenöl andünsten. Den Rosmarinzweig und die fein zerkrümelte Pfefferschote hineingeben. Die Tomatenwürfel hinzufügen und zum Kochen bringen. Salzen und pfeffern. Die Sauce auf kleiner Flamme 10 Minuten köcheln lassen.
Dann die Kabeljaustücke hineinsetzen, mit Weißwein übergießen und in der Sauce 6 bis 8 Minuten garen. Pfanne nicht abdecken, damit die Sauce etwas eindicken kann.
Kabeljau auf Teller verteilen. Mit Sauce überziehen und mit Petersilie garnieren.
Dazu schmeckt Polenta.

Das Rezept wird durch die zerkrümelte Pfefferschote recht scharf. Sie können ein wenig von der Schärfe nehmen, wenn Sie die Kerne der Pfefferschote entfernen. Noch milder wird die Sauce, wenn Sie die Pfefferschote ganz lassen und vor dem Servieren aus der Sauce fischen.

Gegrillte Garnelenspießchen in Gewürzmarinade

16 große Garnelen
1 kleine Chilischote
1 EL Limettensaft
2 EL Keimöl
2 TL gemahlener Kreuzkümmel
Salz

Auf dem Gartengrill eine Holzkohlenglut herstellen. Wenn die Holzkohle von einem dünnen Aschefilm überzogen ist, den Rost auflegen und heiß werden lassen.
In der Zwischenzeit die Garnelen schälen, der Länge nach aufschlitzen und den Darm entfernen. Auf Grillspieße stecken.
Für die Marinade die Chilischote putzen und sehr fein hacken. Wenn Sie gerne sehr scharf essen, die Kerne mit in die Marinade geben.
Die fein gehackte Chilischote mit den restlichen Zutaten verrühren. Die Garnelenspieße mit der Marinade bepinseln, auf den heißen Grillrost legen und unter ständigem Wenden etwa 4 Minuten garen.
Diese Spießchen passen gut zu einem frischen Salat (z.B. der Avocadosalat auf Seite 56) oder zu gedünstetem Reis.

Lachs mit Kartoffeln und gebratenem Paprika

- 250 g Lachssteak
- Olivenöl
- 1/2 TL getrockneter Thymian
- 1 rote oder gelbe Paprikaschote
- 125 g bunte Spiralnudeln
- 2 EL Champagneressig
- 2 EL Zitronensaft
- Salz, Pfeffer aus der Mühle
- 4 EL gehackte Petersilie

Das Lachssteak waschen und trocken tupfen.
2 Esslöffel Olivenöl mit Thymian vermischen und den Lachs damit bestreichen.
Auf ein Stück Alufolie setzen und auf dem Holzkohlengrill oder im Backofengrill etwa 15 Minuten garen.
Die Paprikaschote putzen, entkernen und vierteln. Die Viertel mit Olivenöl bepinseln und mit der glatten Seite nach oben auf Alufolie legen und gleichzeitig mit dem Lachs grillen.
Beides vom Grill nehmen und den Lachs erkalten lassen.
Die Paprikaschote in eine Schüssel legen und zugedeckt 15 Minuten nachdämpfen lassen. Danach mit einem spitzen Messer die Haut abziehen und die restlichen Kerne und Häutchen entfernen. In schmale Streifen schneiden.
Während Lachs und Paprika garen, auch die Nudeln vorbereiten. In sprudelndem Salzwasser al dente garen. Abgießen und kalt abschrecken. Gut abtropfen lassen, dann in eine große Schüssel geben und mit etwas Olivenöl benetzen, damit sie nicht verkleben.
Den Lachs mit einer Gabel in mundgerechte Stücke zerpflücken und mit den Paprikastreifen zu den Nudeln geben.
Mit Essig, Zitronensaft, Salz und frisch gemahlenem Pfeffer herzhaft abschmecken. Mit der gehackten Petersilie bestreuen.

Gefüllte Auberginen aus dem Ofen

2 mittelgroße Auberginen
1 Knoblauchzehe
2 EL frische Majoranblättchen
150 g Ricotta
150 g Hackfleisch
2 EL Parmesan
Salz, Pfeffer aus der Mühle
Olivenöl
Semmelbrösel zum Bestreuen
Für die Tomatensauce:
1 Zwiebel
2 EL Olivenöl
500 g Tomatenpüree

Die Auberginen putzen, längs halbieren und das Fruchtfleisch ausschaben. Dabei einen gut zentimeterdicken Rand stehen lassen. Auberginenhälften salzen und 30 Minuten Saft ziehen lassen. Danach sorgfältig abspülen und trocken tupfen.

Inzwischen die Tomatensauce zubereiten.
Die Zwiebel fein hacken und in Olivenöl andünsten. Das Tomatenpüree einrühren, salzen und pfeffern und auf kleiner Flamme 30 Minuten schmurgeln lassen.
Den Backofen auf 180 °C vorheizen.
Für die Auberginenfüllung Knoblauch und Majoran fein hacken und mit Ricotta, Hackfleisch und Parmesan vermischen. Mit Salz und frisch gemahlenem Pfeffer herzhaft abschmecken.
Die Tomatensauce in eine Auflaufform gießen.
Die Auberginenhälften hineinsetzen und mit der Hackfleischmasse füllen. Mit Semmelbrösel bestreuen und mit Olivenöl beträufeln.
Im heißen Ofen etwa 45 Minuten überbacken.
Falls die Semmelbrösel zu stark bräunen, nach 20 Minuten mit Alufolie abdecken.

Überbackene Portobello-Pilze

4 sehr große Portobello-Pilze (Riesen-Egerlinge)
2 Knoblauchzehen
75 ml Olivenöl
1/2 TL getrockneter Thymian
2 Andouille-Würste (oder andere dicke und scharf gewürzte Bratwürste), insgesamt ca. 350 g
2 EL Cognac
4 EL geriebener Parmesan
2 EL frisch gehackter Estragon
Salz, Pfeffer aus der Mühle

Den Backofen auf 180 °C vorheizen.
Die Pilze säubern. Die Stiele abtrennen und fein hacken. Die Knoblauchzehen hacken.

2 Esslöffel Olivenöl in einer Pfanne erhitzen. Den Knoblauch und die fein gehackten Stiele der Pilze darin anbraten und mit Thymian würzen. Die Würste häuten und das Brät in die Pfanne krümeln. Rundum bräunen und mit Cognac ablöschen, salzen und pfeffern.
Den Boden einer Auflaufform mit dem restlichen Olivenöl auspinseln. Die Pilzkappen hineinsetzen und mit der Wurstmasse füllen.
Parmesan, Estragon und das restliche Olivenöl verrühren. Die Pilze damit bedecken und im heißen Backofen etwa 30 Minuten überbacken.
Heiß oder zimmerwarm servieren.

PORTUGAL

AMÊIJOAS A MARINHEIRA

Muscheln nach Art Fischerin

(für 4 Personen)

- 1 Bund Koriander
- 2 Knoblauchzehen
- 1,6 kg Venusmuscheln
- 200 ml Weißwein
- 200 ml Fischfond (Fertigprodukt)
- Salz
- Pfeffer
- Baguette

Den Koriander putzen, waschen, trockenschütteln und die Blätter abzupfen. Knoblauch schälen und in feine Scheiben schneiden.
Muscheln in kaltem Wasser gründlich waschen und putzen – bereits geöffnete Muscheln wegwerfen.

Weißwein, Fischfond, Korianderblättchen und Knoblauch in einem großen Topf aufkochen lassen. Muscheln zugeben und zugedeckt 6 bis 8 Minuten kochen lassen, bis sich alle Muscheln geöffnet haben (nicht geöffnete Muscheln entfernen und wegwerfen).
Muschelsud mit Salz und Pfeffer abschmecken.
Muscheln mit Koriandersud servieren.
Dazu passt Baguette.

Nehmen Sie mit der linken Hand die erste Muschel und lösen sie mit der Gabel, die Sie in der rechten Hand halten, das Fleisch aus der Muschel. Diese leere Muschelschale dient nun des weiteren als Zange, mit der das Muschelfleisch aus den Schalen gelöst wird.

Dieses Buch widme ich meinen MÄRA!-
Freunden • Menschen, die mit mir
auf der Suche nach dem Weg zum
Glücklichsein sind • meiner wunder-
baren Mama • meinem Mann Thomas,
der mich inspiriert • Dana und Tim,
die ich sehr liebe • Karin, der besten
Freundin und Jora und Erich, den
Freunden im Lachen und im Traurigkeit •
Hannelore, Peter und Nina, die meine
Botschaften weitertragen • die sich sehr
engagieren • danke! den lieben
Menschen vom Mary Hahn Verlag
und meiner Agentur Art-MM • Herrn
Fischlmaier, Frau Frei und Herrn Heinzel
mit vielem Dank auch an Hetty •
Frau Czernin und Frau Linz und Gabriel!

GARIDES GIOUVETSI

überbackene Garnelen

2 Zwiebeln
4 Knoblauchzehen
1 Bund Frühlingszwiebeln
1,2 kg Tomaten
4 EL Olivenöl
2 TL Oregano (getrocknet)
½ Bund Dill (gehackt)
1 TL Zucker
200 ml Weißwein
Salz, Pfeffer
300 g Cocktailgarnelen
200 g Feta
Petersilie, Dill für die Deko

Den Backofen auf 200 ° C vorheizen.
Zwiebeln und Knoblauch schälen und fein hacken.
Frühlingszwiebeln putzen, waschen und in feine Ringe schneiden.
Tomaten kreuzweise einritzen, mit kochendem Wasser übergießen, kurz ziehen lassen und kalt abspülen. Mit einem kleinen Messer die Haut abziehen. Tomaten vierteln, entkernen und fein würfeln.
Öl in einem Topf erhitzen. Zwiebeln darin 3 bis 4 Minuten dünsten. Frühlingszwiebeln, Knoblauch, Oregano und Dill zu den Zwiebeln geben und 4 bis 5 Minuten weiterdünsten. Tomatenwürfel, Zucker und Weißwein unterrühren. Die Tomatensauce 8 bis 10 Minuten offen einkochen lassen. Mit Salz und Pfeffer abschmecken.
Cocktailgarnelen gründlich waschen und trockentupfen. Die Hälfte der Tomatensauce in eine feuerfeste Form geben. Garnelen darauf verteilen und die restliche Sauce darüber träufeln. Fetakäse zerbröckeln und gleichmäßig darüber streuen.
Die Form in den Backofen stellen und etwa12 Minuten überbacken, bis der Käse leicht gebräunt ist. Mit gehackter Petersilie, Oregano und Dillspitzen bestreuen.

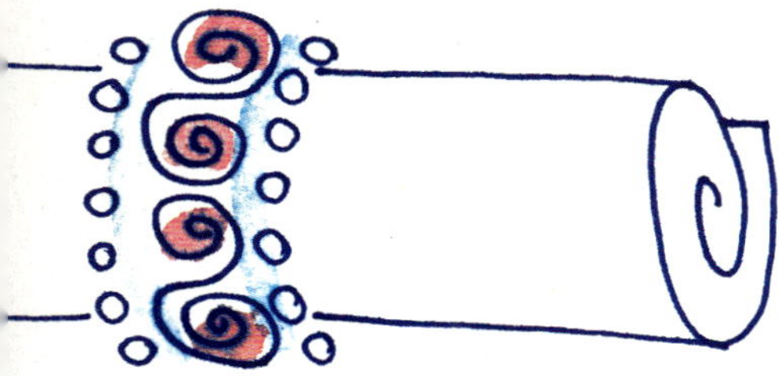

Gemüse-Tempura

1 kleine Aubergine
1 Paprikaschote
1 Süßkartoffel
250 kleine Champignons
Salz
Sojaöl zum Ausbacken
Für den Backteig:
1 Eiweiß
200 g Mehl
Für die Sauce:
4 EL Mirin (ersatzweise trockener Sherry)
4 EL Sojasauce
4 EL Geflügelfond

Die Zutaten für die Sauce in ein Töpfchen geben und rasch zum Kochen bringen. 2 Minuten durchköcheln lassen, dann auf einzelne Schälchen verteilen und auf Zimmertemperatur abkühlen lassen.
Jetzt den Backteig herstellen. Dazu das Eiweiß mit 300 ml eiskaltem Wasser schaumig schlagen. Das Mehl sieben und mit einer Prise Salz in den Eiweißschaum rieseln lassen. Zu einem flüssigen Backteig verrühren und eine Stunde kalt stellen.
Inzwischen die Aubergine putzen, in Scheiben schneiden und diese salzen. In ein Sieb stellen und gut 30 Minuten Saft ziehen lassen. Danach gründlich abspülen und trocken tupfen.
Die Paprikaschote putzen, entkernen und in Spalten schneiden. Die Süßkartoffel schälen und in dünne Scheiben schneiden. Die Pilze putzen.
Den Backofen auf 180 °C vorheizen.
Das Öl 4 bis 5 Zentimeter hoch in einen Wok gießen und sehr heiß werden lassen.
Die Gemüsestücke einzeln in den Teig tauchen, abtropfen lassen und portionsweise im heißen Öl goldbraun backen. Herausheben, auf Küchenkrepp abtropfen lassen und im Backofen warm halten, während Sie das restliche Gemüse ausbacken.
Geben Sie nicht zu viele Gemüsestücke auf einmal ins Öl, weil die Brattemperatur sonst absinkt und die Gemüsestücke dann nicht mehr knusprig werden.
Tempura gleichmäßig auf Teller verteilen und jeweils mit einem Schälchen Sauce servieren.

AND AS I HAVE A WHOLE HEART THAT YOU GAVE ME FOREVER AND AS I HAVE
MY HANDS FILLED WITH YOUR BEING LOOK AT ME LOOK AT ME ACROSS THE SEA
FOR I GO RADIANT LOOK AT ME ACROSS THE NIGHT THROUGH WHICH I
SAIL AND SEA AND NIGHT ARE THOSE EYES OF YOURS I HAVE NOT
LEFT YOU WHEN I GO AWAY I SHALL KNOW HOW TO TOUCH THE NEW
FLOWERS GENTLY BECAUSE YOU TAUGHT ME TENDERNESS BECAUSE YOUR
KISSES LIVE IN MY HEART AT EVERY HOUR I WAIT FOR YOU AND
WHEN THE SADNESS I HATE COMES TO KNOCK AT YOUR DOOR TELL HER THAT
I AM WAITING FOR YOU AND WHEN LONELINESS WANTS YOU TO CHANGE THE
I THROW MY DREAMS TO THE WIND AND WIND DROPS THEM TO
YOUR HOUSE AND YOU WILL BE THERE WAITING FOR ME
MÁRA!

Chicorée à la Paysanne

8 Stauden Chicorée
1/4 TL Salz
1 Prise Muskat
Pfeffer aus der Mühle
4 Scheiben gekochter Rosmarinschinken à 50g
8 Scheiben Gouda à 30g
1 EL Butter
2 El Schalotten, gehackt
3/4 Tasse Brühe (frisch oder instant)
4 El süße Sahne

Den Backofen auf 200 ° C vorheizen.
Den Chicorée waschen, putzen und den Strunk herausschneiden. Mit wenig Salz, Muskat und Pfeffer würzen.
Die Schinkenscheiben halbieren und um den Chicorée rollen. Anschließend die Käsescheiben um den Schinken wickeln und den Chicorée in eine gebutterte Backform legen. Die Schalotten dazugeben, mit Brühe angießen und die Sahne darübergeben.
Den Chicorée 30 Minuten im Backofen offen schmoren lassen.

Ratatouille

4 Zwiebeln
300 g rote und gelbe Paprikaschoten
300 g Zucchini
300 Auberginen
4 EL Olivenöl
3 Knoblauchzehen
3 Tomaten
2 EL gehackte Kräuter (Thymian, Basilikum und Estragon)
1 TL Salz, schwarzer Pfeffer aus der Mühle
2 Tassen Brühe (frisch oder instant)

Geschälte Zwiebeln, entkernte Paprikaschoten, gewaschene Zucchini und Auberginen in 3 cm große Würfel schneiden. Das Olivenöl in einem flachen Topf erhitzen und die Zwiebeln mit dem gehackten Knoblauch andünsten.
Die Paprika beigeben und 3 Minuten anschwitzen, danach Zucchini und Auberginen noch etwa 5 Minuten mitdünsten. Danach die Tomaten achteln und mit den Kräutern in den Topf geben. Mit Salz und Pfeffer würzen.
Die Brühe dazugießen und etwa 15 Minuten köcheln lassen.

Buntes Gemüse mit Ingwer und Cashewkernen

1 Möhre
100 g Daikon (japanischer Rettich) oder Wasserkastanien
100 g Champignons
100 g Sojasprossen
100 g Brokkoliröschen
100 g Blumenkohlröschen
1 Stück Ingwer, ca 3 cm lang
1 TL asiatisches Sesamöl
2 EL Soja- oder Erdnussöl
1 Knoblauchzehe
2 EL Cashewkerne
nach Wunsch 2–3 getrocknete Pfefferschoten
3 EL Sojasauce
1 Prise Zucker, Salz
2 EL gehacktes Koriandergrün zum Garnieren

Möhre und Daikon putzen und in feine Scheiben schneiden (Wasserkastanien abtropfen lassen). Champignons putzen und blättrig schneiden.

Sojasprossen, Brokkoli und Blumenkohl gründlich waschen und abtropfen lassen. Knoblauch und Ingwer fein hacken.

Das Sesamöl und das Soja- oder Erdnussöl in einem Wok oder einer Pfanne sehr heiß werden lassen. Knoblauch und Ingwer kurz darin andünsten, dann die Möhre und den Daikon oder Wasserkastanien hinzufügen und eine Minute pfannenrühren.

Dann das übrige Gemüse, die Cashewkerne und nach Wunsch die Pfefferschoten hinzufügen und 2 bis 3 Minuten bei lebhafter Hitze pfannenrühren, bis das Gemüse knackig glänzt. Mit Sojasauce ablöschen und mit Zucker und Salz abschmecken.
Auf eine Servierplatte häufen und mit Koriandergrün garnieren.
Dazu passt gedünsteter Reis.

Grüner Spargel aus dem Wok mit scharfer Erdnusssauce

750 g grüner Spargel
1 rote Paprikaschote
1 Zwiebel
2 Knoblauchzehen
1 Stück Ingwer, ca. 4 cm lang
2 EL Erdnuss- oder Sojaöl
2 EL gehacktes Koriandergrün zum Garnieren
Für die Erdnusssauce:
4 TL grobkörnige Erdnussbutter
2 EL brauner Zucker
4 EL Reisessig
2 EL Erdnussöl
1 getrocknete, zerkrümelte Chilischote

Den Spargel schälen und dabei die harten Enden abtrennen. Spargelstangen in etwa 3 cm große Stücke schneiden, die Spitzen ganz lassen.

Die Paprikaschote putzen, entkernen und in schmale Streifen schneiden. Zwiebel und Knoblauch grob hacken. Den Ingwer schälen und fein hacken.
Die Zutaten für die Erdnusssauce verrühren und beiseite stellen.
Das Öl in einem Wok sehr heiß werden lassen und das vorbereitete Gemüse sowie Knoblauch und Ingwer hineingeben. Etwa 3 Minuten pfannenrühren, bis das Gemüse knackig glänzt.
Mit der Erdnusssauce überziehen, gut durchmischen und auf eine Platte häufen.

Servieren Sie dazu gedünsteten Reis oder chinesische Eiernudeln.

Pilaw mit Wildreis

- 100 g Wildreis
- 1 kleine Zwiebel, 1 Knoblauchzehe
- 1 Mohrrübe
- 1 rote Paprikaschote
- 100 g gepahlte Erbsen
- 2 EL Butter
- 500-600 ml heiße Gemüsebrühe
- 200 g Basmatireis
- 1 EL abgeriebene Schale einer unbehandelten Zitrone
- 1 Prise Safran
- 2 EL geröstete Pinienkerne
- 2 EL gehackte Petersilie
- Salz , Pfeffer

Den Wildreis gründlich abspülen und abtropfen lassen. 1 Liter Wasser mit etwas Salz zum Kochen bringen. Den Wildreis dazugeben und im sanft sprudelnden Wasser in etwa 40 Minuten bissfest garen. Vom Herd nehmen und beiseite stellen. Während der Reis kocht, das Gemüse putzen und hacken bzw. in kleine Würfel schneiden. Die Butter in einer großen Pfanne erhitzen. Die Zwiebel und den Knoblauch 5 Minuten darin andünsten. Das restliche Gemüse hinzufügen und kurz andünsten. Salzen. Mit einem Schuss Brühe ablöschen und weiterdünsten, bis die Flüssigkeit fast vollständig verdampft ist.

Den Basmatireis abspülen und abtropfen lassen. In die Gemüsepfanne geben und unter sanftem Rühren anrösten. Die abgeriebene Zitronenschale hinzufügen. Dann die heiße Brühe hinzugießen und kurz umrühren. Wenn die Brühe wieder kocht, die Pfanne abdecken und den Reis auf kleiner Flamme rund 20 Minuten garen. Kurz vor Ende der Garzeit den in etwas Brühe oder heißem Wasser aufgelösten Safran unterrühren. Die Reispfanne vom Herd nehmen.

Nun den separat gegarten Wildreis sowie die Pinienkerne und die Petersilie mit dem Basmatireis vermischen. Mit Salz und Pfeffer abschmecken und servieren.

Gemüsecurry in Kokosmilch

500 g Blumenkohl
250 g Bundmöhren
150 g Porrée
250 g rote Paprika
200 g Gemüsezwiebeln
2 Knoblauchzehen
15 g Ingwerknolle
1 TL gemahlener Piment
1 TL gemahlener Koriander
1 TL gemahlene Kurkuma
1–2 Messerspitzen Cayennepfeffer
4 EL Öl
400 ml ungesüßte Kokosmilch (Reformhaus)
200 m Gemüsebrühe
Salz

Den Blumenkohl putzen, in kleine Röschen teilen. Möhren schälen, Poree putzen, beides in feine Scheiben schneiden, Paprika entkernen und in etwa 1 cm große Würfel schneiden.
Zwiebel und Knoblauch fein würfeln. Ingwer schälen und reiben.
Mit Knoblauch, Piment, Koriander, Kurkuma und Cayennepfeffer vermengen.
Öl in einer großen, beschichteten Pfanne oder in einem Wok erhitzen. Blumenkohl, Möhren, Paprika und Zwiebeln anbraten. Die Gewürzmischung zugeben und kurz mitrösten.
Mit Kokosmilch und Gemüsebrühe auffüllen und offen 15 bis 20 Minuten köcheln.
5 Minuten vor Ende der Garzeit Poree zugeben.
Mit Salz abschmecken.

MÁRA!

Farfalle mit Spargel und Parmaschinken

500 g grüner Spargel
100 g Parmaschinken
1 Schalotte
50 g Butter
die abgeriebene Schale von einer unbehandelten Zitrone
200 g Sahne
Salz, Pfeffer aus der Mühle
frisch geriebener Muskat
500 g Farfalle
geriebener Parmesan zum Bestreuen

Die Spargelstangen putzen, schälen und schräg in fingerdicke Röllchen schneiden. Die Spitzen ganz lassen. In einem Dämpfsieb etwa 4 Minuten dämpfen, bis die Spargelstückchen zwar weich sind, aber noch leuchtend grün aussehen. Unter kaltem Wasser abschrecken und abtropfen lassen. Parmaschinken klein schneiden, Schalotte fein hacken und in der heißen Butter andünsten. Dann Parmaschinken, Spargelstückchen und die abgeriebene Zitronenschale hinzufügen. Kurz andünsten, dann die Sahne hinzugießen und heiß werden lassen. Mit Salz, Pfeffer und Muskat herzhaft abschmecken. Die Sauce vom Herd nehmen, abdecken und warm halten.
Die Nudeln in sprudelndem Salzwasser al dente garen. Abgießen und in eine Schüssel geben. Mit der Spargelsauce vermischen und mit geriebenem Parmesan bestreuen.

Spaghetti mit Artischockensalat

12 Artischockenherzen aus dem Glas
16 schwarze getrocknete Oliven ohne Stein
1 Dose Thunfisch in Öl (170 g)
2 EL gehackte Petersilie
1 EL Kapern
Olivenöl
2 EL Zitronensaft
Salz, Pfeffer aus der Mühle
400 g Spaghetti

Die Artischockenherzen abtropfen lassen, dann vierteln oder in mundgerechte Stücke schneiden. Die Oliven grob hacken. Den Thunfisch abtropfen lassen und grob zerpflücken. Zutaten in eine Schüssel geben und mit der Petersilie und den Kapern vermischen. Mit Olivenöl, Zitronensaft, Salz und Pfeffer würzen und 30 Minuten bei Zimmertemperatur durchziehen lassen.
Spaghetti bissfest garen. Abgießen und in eine Schüssel füllen. Mit dem Artischockensalat vermischen und servieren.

Spaghetti mit Oliven und Rosmarin

1 Zwiebel
4 Knoblauchzehen
4 EL Olivenöl
750 g Tomatenstückchen aus der Dose
2 EL Tomatenmark
1 TL getrocknete Rosmarinnadeln
1 Lorbeerblatt
15 schwarze Oliven ohne Stein
1 kleine getrocknete Pfefferschote (nach Wunsch)
50 ml trockener Rotwein
400 g Spaghetti
Salz, Pfeffer aus der Mühle
geriebener Pecorino zum Servieren

Zwiebel und Knoblauch fein hacken und in Olivenöl weich dünsten. Die Tomaten hinzufügen, das Tomatenmark mit etwas lauwarmem Wasser glattrühren und ebenfalls in den Topf geben. Salzen und pfeffern und die Kräuter und Oliven hinzufügen. Wenn Sie gerne scharf essen, die Pfefferschote mit den Händen zerkrümeln und in die Sauce geben.
Das Ganze zum Kochen bringen, dann auf kleiner Flamme bei spaltbreit geöffnetem Deckel 45 Minuten leise durchköcheln lassen. Den Wein unterrühren und im offenen Topf 5 bis 10 Minuten einkochen lassen.
Spaghetti al dente garen. Abgießen und mit der Tomaten-Oliven-Sauce anrichten.
Mit Pecorino bestreuen und servieren.

Bunte Fusilli in Käsesauce

Hier macht's die Optik – wegen der rein weißen Käsesauce sehen bunte Nudeln hübscher aus. Wenn Sie nur »weiße« Nudeln vorrätig haben, die Sauce mit einer fein gewürfelten Tomate farblich etwas aufpeppen.

je 100 g Parmesan, Asiago, Fontina und Gruyère
50 g Butter
200 g Sahne
Salz, Pfeffer aus der Mühle
frisch geriebener Muskat
500 g bunte Fusilli (Spiralnudeln)
gehackter Schnittlauch zum Garnieren

Parmesan und Asiago fein reiben und in einem Schälchen vermischen. Fontina und Gruyère in kleine Würfel schneiden und vermischen.
In der Zwischenzeit Butter und Sahne in einem Topf erhitzen, bis die Butter schmilzt. Auf kleiner Flamme nach und nach zuerst den geriebenen Käse, dann die Käsewürfel einrühren und schmelzen lassen. Dabei regelmäßig umrühren.
Mit Salz, Pfeffer und Muskat kräftig abschmecken.
In der Zwischenzeit einen Topf Nudelwasser zum Kochen bringen und salzen. Die Fusilli hineingeben und al dente garen.
Abgießen und mit der Käsesauce überziehen.
Mit Schnittlauch bestreuen und servieren.

Cannelloni mit Spinat und Hähnchenfleisch

250 g Cannellonihüllen
2 EL Butter
1 Packung TK-Spinat (300 g)
300 g gekochtes Hähnchenfleisch, fein gehackt
4 EL Sahne
50 g geriebener Parmesan
Semmelbrösel zum Binden
2 Eier
2 EL fein gehackte Petersilie
frisch geriebener Muskat
Salz, Pfeffer aus der Mühle
Für die Béchamelsauce:
300 ml Milch
200 g Sahne
2 Petersilienzweige
1 EL grob gehackte Zwiebel
1/2 TL Pfefferkörner
4 EL Mehl
4 EL Butter
Für die Tomatensauce:
1 Zwiebel
2 EL Olivenöl
500 g Tomatenpüree

Für die Tomatensauce die gehackte Zwiebel in Öl andünsten, Tomatenpüree dazu geben und etwa 10 Minuten garen. Beiseite stellen.
Für die Béchamelsauce Milch und Sahne in einen Topf gießen. Petersilie und Zwiebel sowie die Pfefferkörner hineingeben und ganz langsam bis knapp unter den Siedepunkt erwärmen.
In der Zwischenzeit das Mehl in der heißen Butter hell anschwitzen.
Die Milchmischung durch ein Sieb gießen und mit einem Schneebesen in die Mehlschwitze rühren. Weiterrühren, bis die Mischung eindickt und eine gleichmäßig glatte Konsistenz aufweist. Kräftig mit Salz, Pfeffer und Muskat abschmecken.
Die Cannelloni in reichlich sprudelndem Salzwasser knapp al dente kochen. Einzeln aus dem Topf heben und auf Küchentüchern abkühlen lassen.
Den Spinat auftauen lassen.
Für die Füllung die Butter in einer Pfanne erhitzen. Spinat kurz darin andünsten, dann in eine Schüssel füllen und etwas abkühlen lassen. Mit Hähnchenfleisch und Sahne vermischen. Mit Parmesan, Semmelbröseln und Eiern binden. Mit Petersilie, Salz, Pfeffer und Muskat würzen.
Den Backofen auf 190 °C vorheizen.
Einen Hauch Béchamelsauce auf dem Boden einer Auflaufform verteilen. Die Cannelloni mit der Hähnchenmasse füllen und dicht an dicht in die Form setzen. Mit Tomatensauce und Béchamel überziehen. Im heißen Ofen gut 40 Minuten goldbraun überbacken. Eventuell nach 20 Minuten mit Alufolie abdecken. Vor dem Servieren 5 bis 10 Minuten ruhen lassen.

are you ready to discover yourself?
MARAI 2000

Tagliatelle mit Erbsen und Putenstreifen in Weißwein-Sahne-Sauce

- 1 Putenschnitzel, ca. 200 g
- 50 g Butter
- 2 Schalotten
- 200 g frische geschälte Erbsen
- 100 ml trockener Weißwein
- 100 g Sahne
- Salz, Pfeffer aus der Mühle
- 400 g Tagliatelle
- 4 EL geriebener Parmesan

Das Putenschnitzel in schmale Streifen schneiden. Die Butter in einer Pfanne erhitzen und die Putenstreifen darin kräftig braten. Herausheben und beiseite stellen. Schalotten fein hacken und in der Butter weich dünsten. Die Erbsen hinzufügen und dünsten, bis sie rundum glänzen. Weißwein und Sahne hinzugießen und die Erbsen zugedeckt weich garen (etwa 10 Minuten).
Die Putenstreifen wieder in die Sauce setzen, salzen und pfeffern.
Tagliatelle in der Zwischenzeit in Salzwasser al dente garen. Abgießen und auf Teller verteilen. Mit der Erbsensauce anrichten und mit geriebenem Parmesan servieren.

Penne mit Spinat, Paprika und frischem Ziegenkäse

1 rote Paprikaschote
500 g Blattspinat
1 Knoblauchzehe
2 EL Olivenöl
Salz, Pfeffer aus der Mühle
frisch geriebener Muskat
400 g Penne
100 g frischer Ziegenkäse

Die Paprikaschote wie im Rezept auf Seite 55 beschrieben braten und häuten. In schmale Streifen schneiden und beiseite stellen.
Den Spinat waschen und verlesen. Die Knoblauchzehe fein hacken.

Das Olivenöl in einer Pfanne erhitzen. Den Knoblauch darin andünsten, dann den Blattspinat hinzufügen und zusammenfallen lassen. Mit Salz, Pfeffer und Muskat würzen.
Die Paprikastreifen unterrühren und heiß werden lassen. Noch einmal abschmecken.
Inzwischen die Penne in Salzwasser al dente garen. Abgießen und auf Teller verteilen. Das Gemüse obenauf setzen.
Den Ziegenkäse zerkrümeln und auf die Pastaportionen geben.

MÁRA!

Baked Potatoes

4 große neue Kartoffeln (à ca. 150 g)
200 g Schmand
2 EL Crème fraîche
1 EL Zitronensaft
2 Knoblauchzehen
Salz, Pfeffer
8 dünne Scheiben geräucherten Schinken oder Frühstücksspeck
2 Frühlingszwiebeln

Den Backofen auf 200 °C vorheizen.
Die Kartoffeln gründlich waschen, trockentupfen und mit einer Gabel rundherum einstechen. Jede Kartoffel in ein Stück Alufolie einwickeln.
Die Kartoffeln auf den Grillrost legen. Im Ofen auf der mittleren Schiene eineinhalb Stunden backen.
Schmand mit Crème fraîche und dem Zitronensaft in einer kleinen Schüssel glatt rühren.
Die Knoblauchzehen schälen und dazupressen.
Die Sour Cream mit Salz und Pfeffer abschmecken.

Kurz vor Garzeitende der Kartoffeln die Schinkenscheiben in einer großen Pfanne ohne Fett bei mittlerer Hitze knusprig ausbraten, dabei einmal wenden, herausnehmen und auf Küchenpapier abtropfen lassen.
Die Frühlingszwiebeln putzen, waschen und in Röllchen schneiden.
Die Baked Potatoes aus dem Ofen nehmen, aus der Folie wickeln. Je 2 Kartoffeln auf einen Teller legen, der Länge nach einschneiden und an den Enden etwas drücken, sodass sie sich öffnen.
Mit Sour Cream, Bacon-Scheiben und Frühlingszwiebelröllchen anrichten.
Dazu knackigen Salat servieren.

Ideal für den amerikanischen Ofenklassiker: mehlige Kartoffelsorten.

Für die Luxus-Variante pro Person gut 1 Esslöffel echten Kaviar reichen. Absolut stilecht dazu: ein Glas Champagner.

DO NOT TAKE AWAY THE ROSE · THE LANCEFLOWER THAT YOU PLUCK → TAKE BREAD AWAY FROM ME · IF YOU WISH · TAKE AIR AWAY · BUT DO NOT TAKE FROM ME YOUR LAUGHTER ·

Desserts

Stress ade!

Vitalität für die Seele

"vergiß nicht zu träumen!"

☺

Quarkcreme mit frischen Himbeeren

250 g frische Himbeeren
250 g Quark
2 EL Sahne
1 EL Läuterzucker
2 TL abgeriebene Schale von 1 unbehandelten Zitrone
frische Minze zum Garnieren

Die Himbeeren verlesen, vorsichtig abbrausen und abtropfen lassen.
Quark mit Sahne, Zucker und abgeriebener Zitronenschale verrühren. Auf Dessertschälchen verteilen. Die Himbeeren obenauf geben und mit frischen Minzeblättern garnieren.

Joghurteis mit Brombeeren

500 g Brombeeren (frisch oder tiefgekühlt)
350 g Naturjoghurt
125 g Zucker

Brombeeren verlesen, waschen und gut abtropfen lassen. TK-Beeren auftauen lassen.
Joghurt und Zucker verrühren, bis sich der Zucker aufgelöst hat.
Die Beeren pürieren und mit der Joghurtmasse vermischen. Die Mischung im Kühlschrank erkalten lassen und anschließend in der Eismaschine gefrieren lassen.

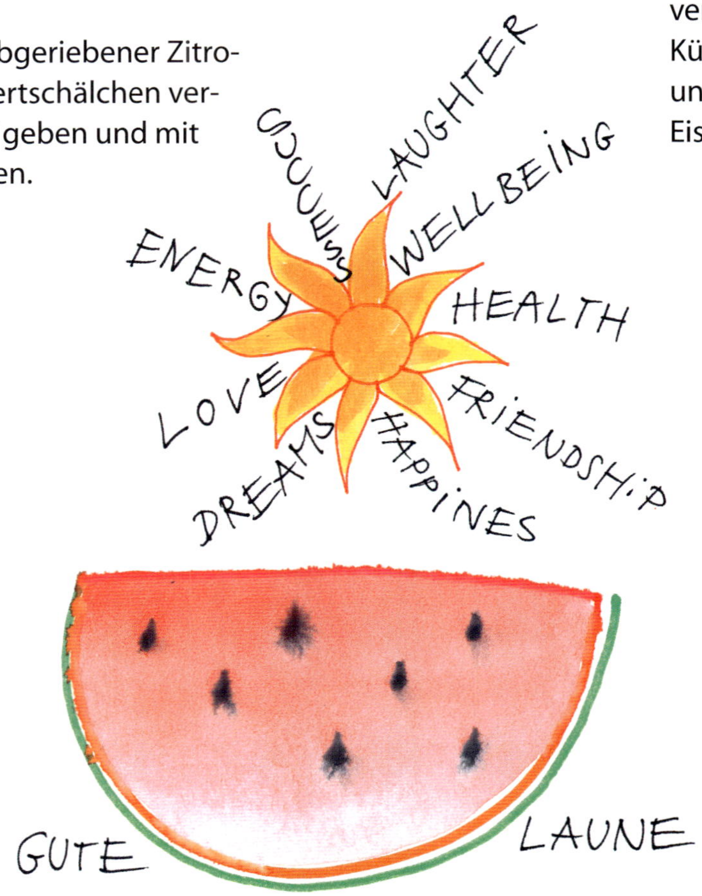

VANILLEEIS AUF FRÜCHTESAUCE

ZUTATEN:

VANILLEEIS
2 KIWIS
2 TL PUDERZUCKER
2 EL ZITRONEN-SAFT
4 EL PROSECCO
250 g HIMBEEREN
MINZEBLÄTTCHEN ZUM GARNIEREN

VANILLEEIS AUS DEM GEFRIERFACH NEHMEN..

Kiwis schälen und mit 1 TL Puderzucker, 1 EL Zitronensaft und 2 EL Prosecco mit dem Mixstab pürieren

- Die HIMBEEREN WASCHEN - TROCKENTUPFEN.. mit dem restlichen Puderzucker, Zitronensaft, Prosecco ebenfalls pürieren

- AUS DEM EIS kleine Kugeln stechen und auf 2 Tellern verteilen. Die Früchtepürees links und rechts neben den Eiskugeln plazieren.

Mit Holzstäbchen Kringel zeichnen.. Minzeblätter dazulegen.

Frischkäsetarte mit gemischten Beeren

Für den Boden:
100 g neutrale Kekse oder Zwieback
75 g brauner Zucker
75 g zerlassene, handwarme Butter
Für den Belag:
175 g zimmerwarmer Frischkäse
75 g Zucker
100 g saure Sahne
2 TL Zitronensaft
1 Päckchen Vanillezucker
400 g frische Beeren, z.B. Himbeeren und Heidelbeeren

Den Ofen auf 180 °C vorheizen.
Für den Kuchenboden die Kekse grob zerkleinern und in die Küchenmaschine füllen.
Den Zucker hinzufügen und die Kekse sehr fein mahlen. Die zerlassene Butter darüber träufeln und mit ein paar kurzen Umdrehungen der Küchenmaschine einarbeiten, bis die Keksmasse zusammenhält.
Die Keksmasse in eine gefettete Springform pressen (24 cm Durchmesser) und in ca. 8 Minuten goldbraun backen. Aus dem Ofen nehmen und erkalten lassen.
Für den Belag Frischkäse und Zucker cremig schlagen. Saure Sahne, Zitronensaft und Vanillezucker unterrühren. Die Creme auf den Keksboden streichen und im Kühlschrank fest werden lassen (mindestens 6 Stunden).
Vor dem Servieren die Beeren verlesen, waschen und gründlich abtropfen lassen. Auf dem Kuchen verteilen, leicht in die Frischkäsecreme drücken und servieren.

Birnen mit knuspriger Haselnussfüllung

2 reife Birnen · 100 ml Birnensaft · 4 EL Ahornsirup
Für die Füllung:
100 g Haselnüsse · 4 EL brauner Zucker
1 EL weiche Butter · 1/2 EL Mehl · 1/2 EL Amaretto

Den Ofen auf 180 °C vorheizen. Die Haselnüsse fettfrei in einer Pfanne rösten, bis sie ihren typischen Duft entfalten. Vom Herd nehmen und leicht abkühlen lassen. In ein Küchentuch schlagen und unter kräftigem Rubbeln das feine Häutchen ablösen. Nüsse grob hacken und mit den restlichen Zutaten für die Füllung vermischen. Die Birnen schälen, halbieren und entkernen. Die Haselnussfüllung an die Stelle des Kernhauses setzen. Birnen in eine Auflaufform setzen und den Birnensaft hinzugießen. Birnenhälften mit Ahornsirup beträufeln und im heißen Ofen etwa 1 Stunde garen. Birnen auf Dessertteller setzen und servieren.

Mandelkekse

Für den Teig:
250 g weiche Butter · 400 g Zucker · 1 Prise Salz · 2 Eigelb
1 Päckchen Vanillezucker · 250 g Mehl · 250 g geschälte
Mandeln · 1–2 TL Bittermandelextrakt · 1 Eiweiß zum Verzieren

Weiche Butter, 150 g Zucker und Salz in einer Schüssel schaumig schlagen. Nacheinander die beiden Eigelbe und den Vanillezucker einrühren. Das gesiebte Mehl hinzufügen und einen glatten Teig herstellen. Zum Verzieren gut 1 Hand voll Mandeln beiseite stellen. Die übrigen Mandeln mit dem restlichen Zucker in der Küchenmaschine zu einer feinen, gleichmäßigen Masse vermahlen. Die Mandeln und den Bittermandelextrakt in den Teig einarbeiten. Teig zu einer Scheibe ausrollen, in Klarsichtfolie schlagen und ca. 2 Stunden kalt stellen. Die Mandeln für die Verzierung längs halbieren. Den Ofen auf 180 °C vorheizen. Den Teig portionsweise ausrollen (den nicht benötigten Teig unterdessen wieder kalt stellen). Mit einem Förmchen ovale Kekse ausstechen. Die Kekse mit dem verquirlten Eiweiß bepinseln. Jeweils eine Mandelhälfte mit der gewölbten Seite nach oben in die Mitte der Kekse setzen. Die Kekse auf ein mit Backtrennpapier ausgelegtes Blech setzen und im vorgeheizten Backrohr in knapp 10 Minuten goldgelb backen.

Früchteringe in *Pfannkuchenteig*

- 150 ml Milch
- 2 Eier
- 150 g Mehl
- 1 Prise Salz
- 2 säuerliche Äpfel, 2 Ananasringe, 1 Birne
- Öl zum Backen
- Puderzucker zum Bestäuben

Aus Milch, Eiern, Mehl und Salz einen flüssigen Backteig herstellen.
Die Äpfel schälen, das Kernhaus ausstechen.

Äpfel und die Birne in Ringe schneiden. Früchteringe in den Backteig tauchen und abtropfen lassen.
Das Öl etwa fingerbreit in eine Pfanne gießen und heiß werden lassen.
Die Ringe portionsweise goldbraun backen. Auf Küchenkrepp abtropfen lassen, mit Puderzucker bestäuben und heiß servieren.

Ganz lecker dazu: eine Kugel Vanilleeis!

Schoko-Obst-Spießchen

300 g Vollmilchkuvertüre
75 g Plattenfett
1 Pfirsich
4 Aprikosen
1 Kiwi
2 Fingerbananen
12 Erdbeeren
Minzeblätter zum Garnieren

Die Kuvertüre grob zerkleinern und mit dem Fett im Wasserbad schmelzen.

Die Früchte eventuell schälen und in mundgerechte Stücke oder Spalten schneiden. Die Obststückchen bunt gemischt auf Spieße stecken und mit der Schokoladen masse glasieren. Auf einem Pralinengitter erkalten lassen.

Spießchen auf Tellern anrichten und mit frischer Minze garnieren.

Blaubeerpfannkuchen

400 g Blaubeeren
300 g Mehl
1 ½ TL Backpulver
Salz
3 Eier
2 EL Zucker
Mark von 1 Vanilleschote
750 ml Buttermilch
125 g zerlassene Butter
Butter zum Braten
Puderzucker
Ahornsirup

Die Blaubeeren waschen und abtropfen lassen. Mehl, Backpulver und Salz mischen. In einer zweiten Schüssel Eier und Zucker mit dem Handmixer verrühren, bis die Masse weißschaumig ist. Vanillemark, Buttermilch und zerlassene Butter dazugeben. Die Mehlmischung in die Eiermasse schütten und alles zu einem glatten Teig verrühren. Zwei Drittel der Blaubeeren zufügen. Den Teig 20 Minuten ruhen lassen.

Den Backofen auf etwa 75 °C vorheizen. 1 Teelöffel Butter in einer beschichteten Pfanne aufschäumen. Die Pfanne so schwenken, dass sich die Butter gleichmäßig auf dem Pfannenboden verteilt. Einen kleinen Schöpflöffel Pfannkuchenteig in die Pfanne füllen und braten, bis sich der Rand goldbraun färbt. Wenden und den Pfannkuchen fertig braten.

Die fertigen Küchlein im Backofen warm halten. Auf diese Weise nacheinander die gesamte Teigmenge zu Pfannkuchen verarbeiten.

Zum Servieren die Pfannkuchen mit den restlichen Pfannkuchen bestreuen, dicht mit Puderzucker bestäuben und mit Ahornsirup beträufeln.

Die Pfannkuchen schmecken aber natürlich auch mit anderen Früchten wie Himbeeren, Cranberries, Kirschen, klein geschnittenen Äpfeln oder auch mit Schokoladenstückchen.

Obstsalat

2 Pfirsichhälften (aus der Dose)
1/4 Ananas
1 mittelgroße Orange
1/2 mittelgroße Banane
1/2 Päckchen Vanillinzucker
100 g Joghurt mit Kokos-Geschmack
1 TL Kokosraspel
1 Zweig Zitronenmelisse zum Verzieren

Die Pfirsichhälften klein schneiden. Die Ananas schälen, den harten Strunk entfernen und das Fruchtfleisch kleinschneiden. Die Orange halbieren. Eine Hälfte auspressen, die andere Hälfte so schälen, dass die weiße Haut vollständig mit entfernt wird. Klein schneiden. Die Banane schälen und in Scheiben schneiden.
Den Orangensaft mit Vanillinzucker verrühren. Die Früchte mit der Marinade mischen und zugedeckt kurz ziehen lassen.
Das Joghurt glattrühren. Den Obstsalat mit je einem großen Klecks Joghurt in einer Schale anrichten. Die Kokosraspeln darüber streuen und mit der Melisse verzieren.

Joghurt-Obst-Torte

Für den Teig:
- 125 g Butter
- 1 Ei
- 75 g Zucker
- 200 g Mehl
- 1/2 Päckchen Backpulver
- Fett für die Form

Für den Belag:
- 1 Paket gemischte TK-Beeren (300 g) oder frisches Obst
- 10 Blatt Gelatine
- 500 g Joghurt
- 100 g Zucker
- 200 g Sahne sowie eventuell etwas Sahne zum Dekorieren

Butter, Ei und Zucker verrühren. Mehl und Backpulver hinzufügen und den Teig kräftig durchkneten. Zu einer Kugel formen, in Klarsichtfolie schlagen und 1 Stunde im Kühlschrank ruhen lassen.

Den Ofen auf 200 °C vorheizen. Den Teig auf einer Arbeitsfläche ausrollen. Eine Springform (24 cm Durchmesser) fetten und mit dem Teig auskleiden. Im vorgeheizten Ofen 20 bis 30 Minuten goldgelb backen. Herausnehmen und erkalten lassen.

Für den Belag die Beeren auftauen lassen bzw. frisches Obst klein schneiden und pürieren. Gelatine auflösen und erkalten lassen.

Joghurt mit Zucker verrühren. Die pürierten Beeren und die Gelatine unterrühren. In den Kühlschrank stellen, bis die Masse zu gelieren beginnt. Sahne steif schlagen und unterziehen. Die Joghurt-Obst-Creme gleichmäßig auf dem Tortenboden verteilen. Kalt stellen und nach Wunsch vor dem Servieren noch mit ein paar hübschen Sahnetupfern garnieren.

Schoko-Espresso-Kugeln

250 g weiche Butter · 150 g Zucker
1 Prise Salz · 2 Eigelb
1 Päckchen Vanillezucker
2 TL lösliches Espressopulver · 4 EL Kakao
150 g gehackte Walnusskerne
250 g Mehl · Puderzucker zum Wälzen

Weiche Butter, Zucker und Salz in einer Schüssel schaumig schlagen. Nacheinander die Eigelbe und den Vanillezucker einrühren. Espressopulver, Kakao, Walnüsse und Mehl hinzufügen und einen glatten Teig herstellen.
Den Ofen auf 180 °C vorheizen.
Mit einem Teelöffel kleine Teigportionen abstechen und zu Kugeln rollen. Auf ein mit Backtrennpapier ausgelegtes Blech setzen und im heißen Ofen in gut 10 Minuten backen.
Noch heiß in Puderzucker wälzen. Erkalten lassen und in einem geschlossenen Behälter aufbewahren.

Schokoladen-Zitrus-Trüffel

150 g Zartbitterschokolade
2 EL Sahne · 75 g weiche Butter
1 Eigelb · 2 EL Zucker
2 TL abgeriebene Schale einer unbehandelten Zitrone oder Orange
Kakaopulver

Zartbitterschokolade grob zerkleinern und mit der Sahne schmelzen lassen. Vom Herd nehmen. Nach und nach weiche Butter, Eigelb, Zucker und Zitrusschale einarbeiten und eine glatte Paste formen. 1 Stunde in den Kühlschrank stellen.
Mit einem Kaffeelöffel kleine Portionen von der erstarrten Schokoladenmasse abstechen und mit den Händen rasch zu Trüffeln drehen, danach in Kakaopulver wälzen. Im Kühlschrank aufbewahren, vor dem Verzehr auf Zimmertemperatur erwärmen.

MÁRAls

STERNSCHNUPPEN-WÜNSCHE:

seien Sie dankbar für jeden
neuen Tag

☆

Machen Sie jemanden
eine kleine Freude – es wird
auch Sie erfreuen

☆

Nutzen Sie die unglaubliche
Kraft positiver Gedanken

☆

Hören Sie Musik,
die Ihnen gut tut

☆

Stellen Sie sich Kerzen auf
zum Essen – das
verbreitet Gelassenheit und Freude

☆

Lächeln Sie, wenn Sie
an mich denken

♡

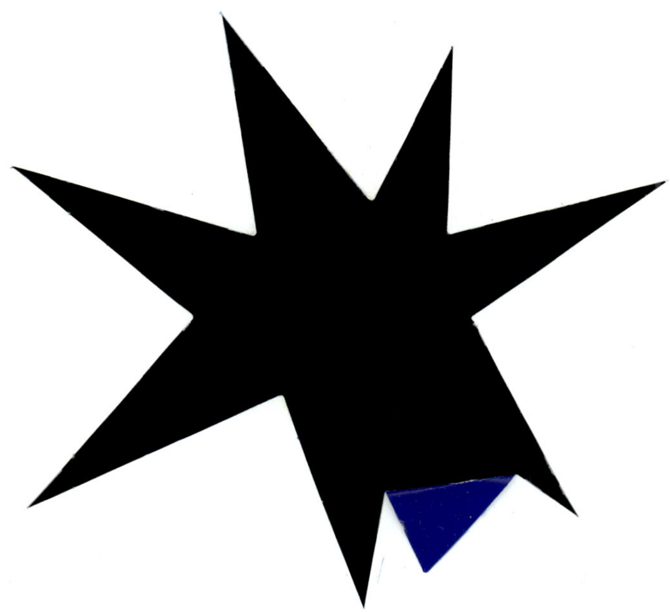